# 生き残るためのコミュニケーション

藤村正憲
川口英幸
出口汪



水王舎

# はじめに これからの時代に求められる「生きる力」とは

藤村正憲

私はこれまでに3冊の本を執筆し、「国際自由人」という肩書きで、日本人が海外に飛び出していく後押しをしてきました。

もちろん私自身も、29歳で北京に引っ越して以来、香港・マカオ、マレーシア、そして現在はオランダと、各地を移り住んできました。41歳でビジネスの現場からリタイアしてから、表立って事業を手がけることはありませんが、各方面からお声がけをいただき、さまざまなプロジェクトに携わらせていただいています。

今回、「論理エンジン」でおなじみの出口汪先生と、株式会社グローバルキャスト代表取締役社長の川口英幸さんと、「生き残るコミュニケーション」というテーマで本を執筆することになった経緯について、簡単にお話ししておきたいと思います。

私と川口さんとの出会いは、２００８年に遡ります。共通の知り合いから紹介してもらったのだと思うのですが、同い年だということがわかって、お互い一気に緊張が解け、「今度ぜひなにかやりましょう」と言って別れました。

その後、新幹線の中などで、ばったりと顔を合わせることが何度かあったのですが、「やあ、どうも」と言葉を交わす程度でした。

それから時が経ち……私が新しい本の構想を練っているときに、また再会する機会があったのです。その際、最近手がけている事業について聞き、英語学習アプリや「アビバキッズ」、ベトナムでの幼稚園といった教育事業に参入していることを知りました。

さらに、出口先生ともビジネス上のつながりがあるとわかって、せっかくなら三者で「教育」をテーマにした本を書きませんか——ということになったのです。

実際に顔を合わせてお話をしてみると、教育はもちろん重要なテーマではあるのですが、それよりも、もっとシンプルで、しかし根源的な「生きる力」という切り口のほうが、私たちが伝えたい内容に近いことがわかりました。

ますます不確実性の高まっていく世の中にあって、人工知能（ＡＩ）の実用化が急速に進み、私たち人間の存在意義が問われる時代になっています。ロボットにはできないことをやれなければ、もはや生き残れないと言っても言い過ぎではないでしょう。
そんな時代に生き、なおかつ活躍するためには、具体的にどのような力が求められているのか――「これからの時代を生きる力」について、それぞれの立場からの考えや意見をまとめたところ、結果的に、三者ともが同じスキルが必要だと考えていました。

それが、コミュニケーション・スキルです。

知識や技術だけで勝ち抜けた時代は、もう終わりを告げました。ロボットがますます活躍の場を広げていく世の中だからこそ、人と人とのつながり、そこで生まれるコミュニケーションの重要性が増していくのです。

すでに、メールやSNSが世界中の人々に浸透し、生まれたときからメールに親しんでいる子供たちが生まれています。そんな彼らは、デジタルの接触は慣れていて、コミュニケーションのアプローチが全く変わってきているようです。人と人との直接のコミュニケーションには慣れていない子供が出てきたと聞きます。ロボットを相手に仕事をする人が増えれば、今後、それはすべての世代に共通の問題となることでしょう。

これから人工知能の精度が上がれば、ロボット同士も人間のように関係を築き、人間同士、ロボット同士、人間とロボットとの関係も生まれてくるでしょう。それらをつなぐもの、それがコミュニケーションです。

しかし、いくらロボットが増えようとも、人間同士のつながりがなくなることはありませんし、更に大切なものとなるでしょう。ロボットの活躍が増すことで、人間同士のコミュニケーションがより重要になるというのは、逆説的なようでいて、実は、本質に立ち戻ったと言えるのかもしれません。

ただ言葉を交わすだけでなく、お互いの意志を通じ合わせるのがコミュニケーションです。この本で私たちが伝える内容が、あなたがこの先の混迷の時代を生き残るための強力な武器となることを祈っています。

二〇一八年三月

## 目次

第2章 川口英幸

## ビジネスで生き残るコミュニケーション

愛し愛される「理解力」

第3章 出口 汪

# 他者と生きる

自分を育てる「論理力」

第1章

藤村正憲

# 海外で生き残るコミュニケーション

我慢しない「表現力」

# ”「異文化」で生きるということ

## 日本人は「自分で考える力」が低下している

海外で、自分は日本人だと自己紹介をすると、「日本人は礼儀正しいね」「道路もきれいだよね」「電車も時間に正確だ」「日本のサービスは素晴らしい」……などなど、日本という国や日本人を褒めてもらう機会が少なくありません。

しかし、「世界中で誰もが知っているような活躍をしている日本人」について話題になり、賞賛されることはないように思います。

日本という国は素晴らしいと言われるにもかかわらず、実際に世界で活躍している日本人の具体的な名前を、海外の友人の口から聞いたことがないのです。海外で出会う日本人と話していても、現地の人たちと対等に渡り合って世界中で活躍している日本人について、なかなか名前を聞くことはありません。

また、海外で「日本は素晴らしい」と言われることが多いのは事実ですが、実は、日本と韓国と中国の区別がつかない人はたくさんいます。

こういった話を聞くと、日本人はもっと海外で尊敬されているのではなかったのか……と驚く人もいるでしょう。

もちろん、各界で成功している日本人はいますし、私自身、尊敬している日本人もいます。

ただ、前述したような一般的な日本人に対する賞賛や日本という国や文化に対する賞賛に比べ、個人に対する賞賛は、非常に少なくなっているのではないかと思うのです。

私は海外に住み始めて15年になりますが、こうした現実に直面するたびに、(私自身も含めた)日本人には、海外の人たちと比べて足りないなと思うことが、ひとつあります。それは、「自分で考える力」です。

# 「非常識」ではなく「異文化」だと考える

近年の日本では、これまでの「詰め込み教育」を否定し、考える力や創造力を高めなければいけない、と言われるようになっています。受験制度も改革されることから、教育の現場も大きく変わろうとしていると聞きます。

実際に東京都千代田区にある麹町中学の改革は画期的で、全国から視察が訪れるようになっています。直接、工藤勇一校長と食事をしながら手がけている改革についてお聞きしていると、日本の教育も大きく変わっているのだなとワクワクしてきます。

価値観が多様化している現代においては、自分自身で考え、選択し、決断を下すことが重要です。そうしてはじめて、自分の人生を主体的に生きられるようになります。これは、海外に出なくとも、日本で暮らす場合にも言えることです。

よく「日本の常識は世界の非常識」ということが言われますが、それは本当でしょうか？　私には違うように思います。「こんなことは常識だ」「こんな常識も知らないのか」と言う人がいますが、それは、あくまでもその人の「常識」であり、相手にとっての「常識」ではないのです。

ですから「常識」の違いを論じるのではなく、自分と違う「常識」や「異文化」に対応できる能力があるかどうか、ということを考える必要があります。

世界中のどんな国・地域に住んでいても、自分の考えや文化とは違う考え・文化を持っている人と接する機会が少なければ、自身の常識が絶対的なものになっていきます。

反対に、常に異文化と触れる環境にあれば、自身の常識は絶対的なものではないことを知り、それによって常に他者について考え、許容できるようになります。そして、自分と違う考えや文化を持つ人に対して敬意を抱くようになります。

## 日本にも「異文化」はあふれている

海外でビジネスをしていると、たくさんの「自分と違う常識」に出会います。ひとりひとりが違う考えを持ち、国によってルールも違います。そんな環境で、判断の尺度を自分の常識だけに頼っていると、理解できないことだらけで思考停止に陥ってしまいます。

まず、相手が何を考え、何を判断しているのかを理解する努力をしないと、何も進みません。「自分の常識が正しい」と言って相手に自分の考えを押し付けることもできますが、それでは相手から敬意を持って接してもらうことはできません。

これって、日本の会社における「常識」にも似ていないでしょうか。

日本も終身雇用が終わりを告げ、転職をすることが珍しいことではなくなってきています。以前は、いったん就職すると定年を全うしていましたから、社会人としての常識というものは、勤務する会社の常識とイコールでした。

しかし、転職をすれば違う常識に出会うことになります。そのときに、「前の会社ではこうだった」と話したところで取り合ってはもらえないでしょう。

このように、実は日本国内でも「異文化」への対応力は問われるのです。「異文化」と聞くと、まるで自分たちには理解できない考え方や風習といった印象を持つかもしれませんが、決してそんなことはありません。

異文化は、いつも私たちの身の回りに溢れています。私たちは、日常的に異文化に対応しながら生活しているのです。にもかかわらず、海外に出ると、それができなくなってしまう。そこに、日本人が海外で思うように活躍できない理由があるのです。

# 異文化では「意思表示」が不可欠

## 日本企業が犯してしまうミスマッチ

日本企業が海外に進出したときに悩むのが、人材の確保やマネジメントです。日本では、できるだけ長く働くことが前提となっていて、採用される側も採用する側も、その前提のもとに雇用関係を結ぶことが多いのではないでしょうか。

しかし、私がビジネスを展開していたアジアの国々では、賃金の額や福利厚生、自身が成長できるかどうか、どのようなキャリアパス（キャリアを積んでいく道筋）を描けるのかなど、本人の希望がはっきりしていました。

特に賃金交渉は、全員が、自身の評価の目安として具体的にいくら欲しいという要望が明確で、社長である私との面談の際には、それをはっきりと伝えてきました。転職するときも、賃金が上がるからとか、学びたい職業だからとか、理由がはっきりしていました。

日本では、転職する理由として賃金への不満をあげる人は少ないと聞きます。日本人にとって職場のいちばんの悩みは、人間関係なのだそうです。自分の知識やスキルによって報酬（給与）を手にする舞台である職場での悩みが、賃金の大小でもなく、スキルアップのための環境でもなく、人間関係によるもの。

つまり、自分自身がどのようなキャリアをデザインしていくか、という視点がないのです。

ですから、日本企業が海外で人材をマネジメントするときにも、スタッフそれぞれの希望や思いを把握して対応していくことよりも、働きやすい職場を作ることに気を遣っています。

しかし、そこで働く現地の人たちがいちばん望んでいるのは、よりよい賃金であり、自身のキャリアを築ける環境なのです。

日本企業の「常識」が、海外で優秀な人材をマネジメントするための邪魔をしているのです。よかれと思って働きやすい職場作りをしているのに、それは現場のスタッフが望む企業努力ではなく、異文化への対応を誤ったミスマッチにすぎません。

## 日本人にはコミュニケーション力が足りない？

異文化社会で自身の考えを正しく伝えるには、「私はこのように考えて取り組んでいる」「私はこのようにしたい」ということを明確にして、きちんと伝えることが重要です。

もちろんコミュニケーションは、一方的な意思表示だけでは成立しません。自分の伝えたいことを主張するだけでなく、相手に正しく伝わっているかどうかについても考えなくてはいけません。そして、相手がどのように感じ、どう考えたか、ということを把握しないといけないでしょう。

お互いの主義・主張を知ることではじめて、コミュニケーションを図ることができるのです。日本人の転職のいちばんの理由が人間関係であるということは、日本人のコミュニケーション・スキルの低さを表しているのかもしれません。

日本企業が海外進出したときも、現地で採用した人材のことをどれだけ真剣に考えて職場作りをしても、お互いのコミュニケーションが正しく取れていなければ、会社の思いが現地スタッフに届くことはありません。

そして、このコミュニケーションは対等である必要があります。日本の会社では、社員が会社に意見を求められたとき、会社や上司が喜ぶような意見を言いがちです。もしくは、実際は改善してもらいたい点があるにもかかわらず、「特に不満はありません」などと言ってしまいます。

これは、相手や立場に敬意を払うことと相手に意見を言うことは別に考えなくてはいけません。若い人に対して「意見を言うのは10年早い」とか「口答えするな」とか言ってしまう関係は健全ではないですよね。そして、どうせ意見を言っても無駄だと考えて意見を言わなくなる関係も健全ではないはずです。

それでは、お互いが相手の意見を正しく理解できずに、陰で相手の悪口を言ったり、何も言わずに離職していくといった、不幸な結果になってしまいます。

私自身、各国でスタッフを雇用してきた経験から学んだ教訓でもあります。

## 不満を口にしない関係は「対等」ではない

私の友人でアメリカ人のホテルオーナーは、「日本人はクレームを言わずに離れていくから怖い」と言っていました。

ホテルに宿泊してサービスが悪いと感じても、なかなかクレームは言いづらいですし、不満があれば次回から利用しなければいいだけなので、今回は我慢しようと考えがちです。

たしかにそのとおりなのですが、我慢する時間にもお金を払っているわけで、きちんと自分の考えを伝えるほうがいいのではないかと思うのです。もしホテル側が非を認めれば、残りの滞在中は快適に過ごせるはずです。

たとえホテル側が非を認めなくても、それはサービスが悪いわけではなく、サービスの基準が違う、というケースが多いです。つまり、異文化ですね。

そういう場合でも、きちんと自分の意見を伝えれば、この人は本当に困っているのだと理解してもらえ、なんらかの対応してくれるでしょう。また、日本人はこのサービスでは満足しないのだと気づき、サービスを改善させることで、今後宿泊する日本人が不愉快な思いをすることはなくなる、ということも考えられます。

もし不愉快な思いをしても我慢して何も言わなければ、いまのサービスで満足しているとホテル側は考えてしまうでしょう。

そうは言っても、日本人にとってクレームを伝えることは簡単なことではありません。故意に嫌がらせをされたような場合なら当然怒るでしょうが、サービスに満足しないといった程度だと、あえてそれを言ったら悪いかな、と考える人が多いのではないでしょうか。

これは、相手がホテルなどの場合だけでなく、働いている会社でも、あるいは個人同士の人間関係においても、同じことが言えると思います。

しかしそれでは、自分では相手に本音で接してほしいと思いながら、自分は相手に不満であることを伝えないことになります。つまり、対等なコミュニケーションとは言えないのではないでしょうか。

## 口にしないのは「不満はない」という意思表示

海外に出ると、日本人には相手に自分の考えを上手に伝える習慣が不足している、と気づく人が少なくありません。周りの空気を読みながら自分の意見を言うことに慣れている日本人は、自分の気持ちを率直に相手に伝えることができないのです。

私の友人は以前、外国人と共同生活をしていたのですが、この同居人が、リビングは片付けない、皿洗いもしない、トイレ掃除も当然しない、という人でした。何回かは友人がやってあげたのですが、同居人はまったく気にする様子もありません。たまりかねた友人が、自分のことは自分でやってくれないかと伝えたところ、「あなたはやりたくてやったのではないのか」と驚かれたそうです。

これが日本人同士であれば、同居人がやってくれたら当然お礼を言って、自分もちゃんとやらなくては、と思いますよね。

これは極端な例かもしれませんが、実際にあった話です。異文化社会では、しっかりと自分の気持ちを伝えないと、相手に理解されません。それどころか、口にしないということは「大きな不満はない」という意思表示にもなってしまうのです。

## ”「積極的に自己主張する」という価値観

### 発言しない人が会議に出席する理由

ビジネスの現場でも、日本人同士であればお互いがソフトに交渉しながら妥協点を見いだし、なんとなくお互いが受け入れられそうな〝落としどころ〟に持っていきます。しかし、相手が日本人でない場合には、しっかりと主張しなければ相手のペースで交渉が終わってしまいます。

あるとき、私が華僑と商談をしていた場で、同席していた日本人がまったく発言をしませんでした。

日本の会議では話す人が決まっていて、同席した人が一言も発言しないということはよくあります。しかし海外の人たちは、なぜ発言しない人が会議に同席しているのだろうと思います。よほど暇なのか、無能だと思われてしまうこともあります。

この商談の際には、相手の華僑は、その人は私と話している議題とは別の議題を持ってきているのだろう、と考えたようでした。そこで、こちらの話が落ち着いたところで、「では、あなたはどんな議題を持ってきてくれたのか?」と聞いてきたのです。

いま日本では働き方改革が話題になっていますが、とにかく「効率」というものを考えなくてはいけません。会議に発言しない人は同席する必要がないのです。立場上、同席しないわけにはいかない……などと考える必要はなく、自分ができる仕事にどんどん取り組むほうが大切です。

## 「表敬訪問」は、ただ相手の時間を奪うだけ

「表敬訪問」というものも、日本の独特なコミュニケーションです。

日本では、「近くに来たので」と、特段の用もないのにアポイントを取って、取引先などに会いに行くことがありますよね。逆に素通りされて連絡が無いことに対して

不快に思う場合もあります。これは、海外の人から見れば、非常に無駄な行為です。というのも、お互いに忙しく働いているのですから、具体的な目的のないミーティングは、ただ相手の時間を奪う行為にすぎないからです。当然、歓迎されません。

私は、日本から出張してきた人たちが、スケジュールに表敬訪問を入れているのをたくさん見てきました。「訪問されて嫌な人はいないだろう」と日本人は思いますが、実際には、なんの議題も提案もない面談に戸惑う外国人経営者は多いです。

そもそも、「無駄なことはしない」というコスト意識を持って仕事に取り組んでいれば、何も生まない表敬訪問のようなミーティングには、自ずと価値を見いだせないはずです。出張で来ているのであれば、自身のビジネスに生かせるものはないかと、現地で精力的に動くべきです。

さらに言えば、議題もなく相手の時間を割かせる行為が失礼だとは考えないのだろうか、とビジネス感覚を疑われることになるかもしれません。コスト意識のないビジネスマンだと受け取られ、今後のビジネス展開の可能性の芽を摘んでしまう行為にもなりかねないのです。

反対に、海外のビジネスパーソンは、いくらくらいの投資をしたいのか、どのように利益を上げるのか、といった具体的なイメージを持ってアポイントを入れます。出張の場合も同じです。

もちろん受け入れる側も、取引ができるのではないか、何らかのビジネスにつながるのではないかという期待を抱いて、訪問や面談に臨みます。

## 価値観の違いを知ることの大切さ

私が言いたいのは、「グローバル化だから海外基準の文化に合わせなくてはいけない」ということではありません。そもそも、海外といいますが日本以外の全ての国を指すわけですから、たくさんの国があり、たくさんの文化があります。海外という言葉でひとつにくくって話すこと自体がおかしいのです。

価値観が多様化している社会においては、「『積極的に自己主張するコミュニケーション方法』というものが存在していることを理解しなくてはいけない」ということです。

価値観は、どちらが良いとか悪いといったものではありません。ただ、文化や歴史、宗教といったさまざまな背景要因によって、大きく違いがあるということを知っておく必要があるのです。

短期間でも海外で暮らしてみると、そうした価値観の違いをまざまざと思い知ることになります。いくつか、日本から留学でやってきた大学生の手記を紹介し、異なる文化や価値観との遭遇について見ていきます。以下は、オランダで知り合ったライデン大学に交換留学で来ていた東大生、生駒知基くんの留学記です。

加えて、留学では自らを「外」の環境に置くことで、自分の価値観や考え方を見つめ直したり、自国を「外」として捉えることでその魅力や課題を見つめ直すことができた。

オランダという国は、言語だけでなく文化・社会的側面でも日本と大きく異なる国であった。駅の表示がオランダ語で何も理解できないときに、「自分は明らかにこの国においては〝外国人〟」なんだと実感した。そして、どれだけの量の情報が理解でき、どれだけの人と円滑にコミュニケーションを取れれば日本で暮らすのと同様の快適さでオランダで過ごせるのかと考えるようになり、生活が日々快適になっていく様子を実感していくのは心地よいものであった。

一方で、ライデン大学は日本研究も進んでおり、日本学科の学生の多くと関わる機会があった。彼らが目を輝かせて語る日本の姿に心を奪われることもしばしばで、外から見た日本の姿を考える契機となった。

（生駒知基「オランダ留学記」より）

日本の外に出たことであらためて日本を知る、という経験は私自身にもあります。日本独特の価値観を知れば、それとは違う価値観の存在にも気づくことでしょう。

## ”日本人が自己主張できない罠

### 高度経済成長が日本企業にもたらした弊害

日本人、とくに日本のビジネスパーソンが、自己主張によるコミュニケーションができない大きな理由のひとつに、日本の企業文化というものがあります。

日本の社会では、お客様や上司などとの力関係・上下関係が明確に決まっており、自分より上の立場の人には何も言えないのが当たり前です。その仕組みやルールを壊してしまうような発言や行動は慎まなくてはいけません。

そうして、終身雇用が守られていた時代には、上司の言うことをよく聞き、同僚と摩擦なく過ごし、定年までつつがなく勤め上げる……という働き方が、自分自身や家族を守ることにつながっていました。

高度経済成長を遂げていた時代には、わざわざ不満を口にする必要がないくらいに、会社や、「日本の社会」というものが、人々を手厚く守ってくれていたのです。

しかし、いま（そして、これから）の日本の経済状況では、自分を押し殺して忠誠を誓ってきた組織が、ある日突然なくなってしまう可能性がある社会になっているのです。給料も、以前のように右肩上がりではありません。リストラだってあります。あるいは、働く人は、どんどん転職して自分を守ることが必要になっています。副業を認める企業も増えています。

つまり、すべてが自己責任の社会になってきているのです。そのような社会では、自分のやりたいことや主張を、自ら明確に伝えていかないと、自分を守ることができなくなっているのです。

## 自由に発言し、議論する機会のない学校教育

もうひとつ日本人が自己主張に慣れていない要因として、学校教育が挙げられます。

長らく日本の教育は「詰め込み」が中心で、自ら考えて発言したり、周りと議論し

たりする機会が少ない、と言われ続けてきました。それを変えていこうとする取り組みも少しずつ始まっていますが、海外の国々と比べれば、まだまだ足りないのが現状でしょう。

では、海外の学校では、実際のところ、どのような授業が行なわれているのでしょうか。ここでは、フランスの高校で学んだことのある、清水元輝くんの留学記から引用します。

授業形態に関して、二つ興味深い点がある。一つは、教師があまり板書をせず、ディクテといって書き取りを多くさせる点だ。

（中略）もう一つは学生の積極性である。どの科目でも教師と学生たちの距離が非常に近く、特に哲学（全ての高校生が必修として最高学年次に学ぶ）や文学などの文系の科目では教師がテーマを提示し、教師と学生が共に議論を展開し授業が作られてゆく。他者との同調ばかりを気にする日本人の国民性からは生まれえない授業風景である。

（中略）私見として、子どもの脳が柔軟な初等教育においては丸暗記教育には一定の効果があるように思う。事実、私は中学受験を経験して自身の知識量の飛躍的な増大を実感した。

しかしながら、中等教育以降は教師からの一方通行の授業の中で知識を得るばかりではなく、能動的に情報を集め且つそれを運用、発展させていく力、すなわち「自ら調べ自ら考える力」を養成することが必要ではなかろうか。サンテグジュペリ高校での授業参加を通じて、この思考力が日本人には圧倒的に欠けていると感じざるを得なかった。

（清水元輝「井の中の蛙、フランスを知る」より）

たしかに日本人は、海外の国で教育を受けた人たちと比べると、進んで自分の意見を述べる経験が圧倒的に足りていない、と言えるでしょう。

しかし、だからと言って「できない」「しない」ままでは、異文化で生きていくことはおろか、ますます多様化する日本の中でさえも、うまくコミュニケーションを図れなくなってしまうのです。

# ”「意見」は違っていて当たり前

## 「何でもいいよ」の難しさ

海外、つまり「異文化」という世界で自分の能力を最大限に発揮し、思いどおりの活躍をするためには、しっかりと自己主張をする必要があります。だから、「海外で生きる力」を身につけるには、まずは積極的に自己主張する訓練から始めていきましょう。

日本では、自己主張することがネガティブに捉えられる場合があります。あえて自分の気持ちを率直に伝えると、相手を傷つけるのではないか、相手に失礼ではないか、と気にしてしまうことがあるのです。また反対に、気を遣わないことで、失礼なやつだと思われてしまうこともあります。

たとえば友人の家を訪問したときに、何を飲みたいか聞かれたとします。その際、「何でもいいよ」と答えると、日本人は用意してあったものを提供します。

しかし海外の人たちは、そういう答え方をされると何を飲みたいのかわからずに困ってしまう、と聞きます。普段から、だれもが自己主張をする世界でコミュニケーションをとっていると、何も主張しない人とコミュニケーションを取ることがむずかしいのです。

日本人の場合、もし用意していないものを飲みたいと言われると、対応できずに困ってしまいます。だから尋ねられたほうも、あえて「何でもいい」という答え方をしているのだと思います。相手を困らせてはいけない、という気遣いです。

でも、友人宅で自分が飲みたいものをないと言われて、本気で怒る人はそういませんよね。ですから、いま家にはこれとこれしかないと正直に伝え、どちらがいいかを聞いて構わないと思うのです。聞かれたほうも、「いまはあれが飲みたい気分なんだけど」と思ったとおりに答えればいいのです。

このように、「相手に気を遣う」という日本人の性質が、かえってスムーズなコミュニケーションを妨げているときがあるように思います。

## 目を輝かせて否定する人たち

自己主張は、自分の意見を押し付けたくてするものではない、と頭ではわかっても、なかなか心理的な抵抗は拭えないかもしれません。

そこで、長崎大学からオランダのライデン大学に留学した濱崎哲くんが、それについて面白い表現で書いていますので紹介したいと思います。彼はライデン大学で、学部ではなく研究室に所属し、また一般家庭にホームステイしていました。そういうこともあって、より現地の人たちと濃密な交流をしたようです。

オランダ人の特徴として、自分のことを包み隠すことが少なく、とてもオープンであると感じました。また、オランダ人は会話の中で、よくＮｅｅ（「ネー」「ネイ」と発音し英語のＮｏと同義）という言葉を使います。

日本では、人の話を折らないようにしよう、とかあまり人の話を否定したくないという理由で、いいえ（Ｎｏ）という言葉はあまり使われません。しかし、オランダでは活発にＮｅｅが使われます。彼らは、目を輝かせながら嬉しそうにＮｅｅ（いいえ）と言います。

ある人が「私はこれについて〇〇だと思う」というとすると、日本人は「なるほど、〇〇ってことね」などと意見に同意したり、言い換えたりしがちであるのに対し、オランダ人は「いいえ、私はそうは思わない、△△と思う（目がキラキラ輝いている）」というような感じです。

他人との争いや意見の衝突を避ける日本人に対して、おしゃべりや議論が好きなオランダ人という違いを感じます。

議論中に、人の話をＮｅｅと否定するときでも、比較的に、多くのオランダ人は目を輝かせ、嬉しそうに話しています。なぜ、嬉しそうかというと、自分の話をしたくてたまらない、と言ったら言い過ぎかもしれませんが、（相手の意見と異なる）自分の意見を主張することができるからです。

しかし、目を輝かせることで、「あなたの意見は私の意見と違って、否定するけど、別にあなたの人格そのものを否定しているわけではない」というのが、話を否定される方にも伝わります。

オランダの人は、人に意見を否定されたり、自分と他人の意見が食い違ったりしていることにも慣れていると感じました。他の人と考えていることが違うのは当たり前、という感じでしょうか。大学など学校でも、教育の一環として議論を行うということに重点が置かれているそうです。

（濱崎哲「日本とオランダの教育の違い」より）

人はそれぞれ別の個性を持った別の存在なのですから、考えや意見が違うのは当然のことです。なんらかの属性が同じだからと言って、何もかも同じように考えるはずがありませんよね。

つまり、自分の意見を主張したり、相手の考えを否定したりされたり、といったことは、ただそうした違いを確認しているにすぎないのです。

# 自己主張するから相手の意見を聞く

## 言葉どおりに受け止めてみよう

前項で紹介したような例からもわかるように、自己主張とは、お互いに相手に意地悪をしているわけでも、自分の意見を押し通そうとしているわけでもありません。自分の気持ちや考え、状況を、ただそのまま伝えているだけです。

自己主張に慣れていない日本人は、相手が率直に意見を言ってきたとき、ひょっとして気分を害しているのではないか、遠慮させてしまったのではないか、などと気にしてしまいがちです。

しかし、そんなことを気にする必要はまったくなく、相手の言葉を文字どおりに受け止めてみましょう。

言葉は、他人とコミュニケーションを取る重要な方法ですが、言葉だけでなく、表情や態度で自分の意思表示をすることは万国共通です。

とくに海外でのコミュニケーションは、言葉が通じないとうまくできないと思ってしまいがちですが、言葉だけに頼ろうとせず、総合的なコミュニケーションで相手と意思疎通を図ればいいのです。

そして、自分の意見を言葉にして自己主張するようになると、意外なほどに快適な生活が待っています。なぜなら、お互いに自分の意見をはっきり言うことで誤解がなくなり、相手の真意はどこにあるのだろうか……などと、あれこれ憶測をめぐらせる必要もなくなるからです。

## 意見を聞くことは相手を思うこと

自己主張をすると、周りとの関係を悪くしてしまうように思うかもしれませんが、実際はその反対です。

どういうことかと言えば、自分が自己主張をすることで、相手の意見もきちんと聞くようになるのです。それによってお互いの理解が深まり、よりよい関係を築けるようになることを実感するはずです。

積極的に相手の意見を聞くことは、相手の意思を優先することです。結果として、相手から喜ばれることにもなります。だから、相手の気持ちを聞かずに自分の考えを通すことのほうが、意見の押し付けだと捉えられても仕方ありません。

日本に帰国すると、日本のサービスは素晴らしいなと、いつも感心します。飛行機の中や空港、ホテル、レストランなどでは、こちらが何も言わなくても、快適に過ごせるように気を遣ってくれます。

しかし、違和感を覚えることもあります。どこへ行っても、だれと接しても、同じように素晴らしいサービスを受けることができるのですが、そこに、その人の思いが込められているようには感じられないこともあるからです。マニュアルどおりで、柔軟性がなく、まるでロボットと接しているのではないかと思ってしまうほどです。

たしかにサービスのレベルは高く、しかも一定で、不快な気持ちにさせられることは、ほとんどありません。しかし、私に対して、私の気持ちを考えてサービスを提供してくれているのかと言えば、そうではないだろうと思うときがあるのです。

## カスタムメイドのコミュニケーション

一方、海外では、サービスレベルは一定ではなく、心地よいときもあれば、そうでないときもあります。

しかしながら、自分の要望をはっきりと伝えれば、相手側も自分のできる範囲を伝えてくるので、そのなかで、お互いが納得し合えるポイントを探ることができます。マニュアルどおりではなく、言わばカスタムメイドのサービスなのです。

日本ではアルバイトはもちろん、会社でも現場のスタッフに決定権が無く、マニュアル通りに対応しなくてはいけなかったり、上司の判断を仰がなくてはいけないルールになっている場合が多く、自ら考え対応できない仕組みになっています。マニュアルに沿った対応であれば、間違うことは減るでしょうが、目の前で起きる個々のケースには対応ができなくなってしまいます。

お互いはっきり伝えることで、自分が求めるものを手に入れることができますし、たとえ手に入れられなかったときでも、相手に対して「気が利かない」とか「嫌がらせをされているのでは？」などと疑う必要もなくなります。

つまり、自己主張をすることで、相手の行動の裏を考えたり、あとから不平や不満を言ったりすることもなくなるのです。

自己主張をしない日本人は、それゆえ、相手の「本心」を必要以上に考えてしまいます。そして、勝手に悪いほうに考えてしまい、ますます嫌な気持ちになってしまうこともあります。

そうならないためには、ただ、きちんと自己主張をすればいいだけです。そして、相手にも同じように、はっきりと意見を言ってもらえばいいのです。それが、対等で、本当にわかり合えるコミュニケーションへの第一歩になります。

## 所変われば価値観も変わる

### 「海外」はひとつではない

とかく日本人は、「海外」「欧米」とひとくくりにしてしまいがちですが、当然のことながら、「海外」はひとつではありません。「欧米」にしても、それぞれの国でまったく違う価値観があります。

そのことについて、アメリカとオランダの両方に留学した経験をもつ、Ｔｏｍｏｋｏさん（仮名・上智大学）が面白い原稿を書いています。

彼女は、高校時代にアメリカのオレゴン州に、大学時代にはオランダのライデン大学に留学しました。そして、「オランダで生活している間に少しずつ感じたことは、私の中に『海外＝アメリカ』という概念が意外にも深くあり、その概念が少しずつ崩れていった」というのです。

また、「オランダで生活しているうちに、アメリカで感じていた当たり前が通じないということを発見し、『海外＝アメリカ』の概念が崩れ、改めて世界の多様性と面白さを感じました」とも書いています。

Ｔｏｍｏｋｏさんはこの原稿のなかで、アメリカのサービスとオランダのサービスについて比較しています。非常に興味深い内容なので、少し長くなりますが引用したいと思います。

## アメリカのサービスはフレキシブル

（前略）アメリカで日本よりも高いサービスを提供していると感じることも多々あります。それを顕著に表すのがコミュニケーションです。

個人的に感じることは、アメリカ人にはおしゃべり好きが多いということです。もちろん個人差はありながら、話していないと落ち着かないのではと思われるほどよくおしゃべりをする人が多く、それは同時に彼らがいかにコミュニケーションを重要視しているかも表しているように感じました。

レストランへ行くとウェイターが「Ｈｏｗ ａｒｅ ｙｏｕ？」から会話を始め、なぜそこのお店へ来たのか、例えばその日が何かのお祝いであったら客側もそれをわざわざウェイターへ伝える、などという光景をよく見ます。彼らはそのような小さなコミュニケーションを大切にし、それがまたサービスへ繋がっているように感じました。

（中略）これらは日本のように話さずにして期待されているサービスとは違う種類のサービスと言えるのではないでしょうか。

また、アメリカではかなりフレキシブルなサービスを受けられたことが多いように感じます。例えば、その場にセットメニューで本来は欲しい物と違う組み合わせだとしても「これはセットメニューに入らないのよね？」と一言聞いてみると、「本当は違うけど今日だけいいよ！」なんてことがよくありました。

一度聞いてみて感動して以来、味をしめ、気になることがあったら何でもダメ元で聞いてみると世の中なんとでもなるものだと学びました。それが1ドルのお菓子についてでも、生活を大きく変えるような規模の話でも、コミュニケーションをとれば動いてくれることが多々あり、話してみることが重要視される社会だと感じました。

全体として、アメリカのサービスはコミュニケーションを重視し、フレキシブルでカスタマーがまた来てくれるように提供されることが多いです。そして、カスタマー側もコミュニケーションをとることが好きで、「よいサービス」を「自分が満足するものを提供してくれる」と定義しているからこそこのサイクルが成り立つのでしょう。

## アメリカは無駄と言い切るオランダ流

一方で、そのようなアメリカのサービスを無駄とオランダ人の教授が話していたことが、オランダで経済の授業を受けていて驚いたことです。なにしろその発言を聞く前、オランダのサービスがかなり少なく、アメリカや日本と比べるとサービスの質が悪すぎると話していました。

例えば、レストランへ行っても店員はしばらくオーダーを取りに来ることがなく、10分経った頃に聞きに来て、こちらが質問をしても最小限の説明で済ませ早くオーダーを取り終えたいような様子を見せてくることがありました。

また、政府機関へ質問がありメールをしても返信がなく、電話をしても取ってもらえないため、実際にオフィスへ出向き、それについて話すと、「今は忙しくて他の人たちも同じ状況だ」と連絡を返せなかったことへの謝罪もなく仕方がない、の一点張りでした。

そのような経験から、オランダにいた頃は日本やアメリカのサービスが恋しいと感じていたのです。しかし、大学の教授はそれらのサービスのことを無駄と言うのです。聞いてみると、例えば、アメリカではスーパーで荷物を入れるだけの仕事をしている人がいるが、その人件費は無駄であり、カスタマーが自分で入れれば済む話で非効率的だと言うのです。

その時に、日本・アメリカ・オランダのサービスを見てきた私としては、サービスの種類や質などが各国の価値観に基づいて行われているのだと気付きました。オランダのサービスの質が低い訳でも、アメリカが無駄なサービスをしている訳でもなく、それぞれのカスタマーが必要であると感じるサービスを行っているのだと実感しました。

（Ｔｏｍｏｋｏ「留学記」より）

アメリカとオランダ、日本人からすればどちらも「欧米」ですが、こうした話を聞くと、たしかに大きな違いがあることがわかりますよね。

好き嫌いはあるかもしれませんが、どちらが「良い」とか「正しい」といったことはありません。ただ違っている——それを知ることが、異文化でのコミュニケーションでは欠かせないのです。

”

# 「外国人」が教えてくれること

## 日本人が知らない、日本人の「非常識」

ここまでは主に、日本人が海外に出たときに知る、日本と海外の文化との違い、日本人が知らない価値観の違いなどについて述べてきました。この項では反対に、日本にやってきた外国人の目に、日本の価値観がどのように映っているのかを考えてみたいと思います。

オランダのライデン大学は、日本に西洋医学を伝えた医師シーボルトが研究していた大学であり、１８５５年、世界で最初に日本学科が設置された大学です。

イルセ・バンダポルさんは、このライデン大学日本学科で、日本語だけでなく日本の歴史、文化、社会、政治、経済、さらに国際関係まで、日本について幅広く学びました。その在学中に2度、日本に留学した経験を持つ彼女に、日本で感じたオランダとの違いについて書いてもらいました。

（前略）日本人が白人や黒人を「外国人」とみなすのはおかしくないでしょう。それでも、オランダ人の私にとっては慣れることが難しかったです。特に外見の判断で特別扱いされることが嫌でした。日本に着いてからすぐその扱いが始まり、私を不安にさせました。というのも、どこに行っても、見かける日本人は私のことをじっと見ました。

初めて気づいた時、「顔に何か付いているかな」と思い、はらはらしながら目に付いた窓で確認してみたが、いつも通りの平凡顔でした。まあ、平凡と言っても、確かに肌が白く、目が青く、身長は特に日本人女性からすると巨人のような百七十二センチで、髪の色は金髪でした。ヨーロッパ人としてごく普通なのに、日本人にはなかなか見かけない特徴です。まさか、あの平凡な格好でそんなに目立つとは思いませんでした。苦手でした。

（中略）後で日本人に「それは外国人だと関係なく、日本人は美人やすごく可愛い人を見かける場合もじっと見つめる」と言われました。しかしながら、西欧文化では、どんな理由があろうと、それはマナー違反です。私は子供の時から「人をジロジロ見たら、不安にさせるから無礼です。やめなさい」という教育を受けていたので、じっと見つめられると私の外見に何かものすごく変なことがあるかなと思わせました。

（中略）その時私は、日本人は初対面でよく相手のお世辞を言うのも知らなかったのです。オランダではそういうお世辞文化もありません。そのため、外見についての発言は「あなたの外見はおかしいよね」にしか聞こえなかったです。

## 「外国人」になって初めて「外国人」を知る

この経験を踏まえて、私は今までのオランダでの他者に対する振る舞いを深く反省しました。以前はなんとなくヘッドスカーフを被る女性にひととは違う対応していましたが、これから必ず同じオランダ人として見ることに決めました。

（中略）このように留学中で色んな視線を経験し、その影響で私の性格が一変しました。何より、自分自身の他人を見る視線が大きく変わりました。国際化したのです。留学先の国の常識を母国と比べると、新しい発見がたくさんありました。（中略）留学は私の「外国人」という理念を変えました。（中略）私は思わずメディアにより放送される「外国人＝犯罪者・悪い・社会問題」などのステレオタイプに影響を受け、外国人は別の世界の人間だと考えていたことに気がつきました。しかし、母国の国境を越えて、私も外国人だと判断され、外国人同士と交流すると、異なる点より共通点が多く、楽しかったです。

母国はどんなに偉いと思っても、世界中の人間の誰でも国境を超えたら「外国人」になります。どこから来ても、どんな性格を持っていても、どれくらいお金を持っていても、みんな同じです。ですから、「外国人」はああいうものとかこういうものとは判断できないと考えるようになりました。

（イルセ・バンダポル「日本留学記」より）

オランダといえば、ヨーロッパの国々のなかでも、とくに多民族が暮らすことで知られている国です。実際、アジアやアフリカのさまざまな国からの移民が多いのですが、すでに何世代にもわたってオランダで暮らし、オランダ語しか話せない人も多いのです。

そんな国に生まれ育ったイルセさんでさえも、日本で「外国人」を経験したことで、自身の「他人を見る視線」が大きく変わったのです。このことは、いかに人間の価値観が多様で、だからこそ率直なコミュニケーションが必要であるかを物語っているのではないでしょうか。

”

# シンプルに伝え、シンプルに聞く

## 異文化だからこそシンプルを心がける

海外で暮らすようになって15年。私は、海外で日本人以外の人たちとコミュニケーションをとっていくうちに、自分のコミュニケーション方法が、日本に住んでいたときと変わってきているな、と感じています。

海外の友人やビジネスパートナーとのやりとりは、英語や中国語でおこなっています。母国語ではない言語でやりとりしているからかもしれませんが、誤解のないように、わかりやすく、とにかくシンプルな表現を心がけています。

海外に住んでビジネスをしているため、「外国語が堪能なのでしょうね」と言われることがよくあります。でも、謙遜でもなんでもなく、私の外国語レベルは決して高いとはいえません。文字どおり最低限のコミュニケーションが図れる、という程度です。

もっともっと語学力があればいいなあと思うことはありますが、一方で、このままでもいいかなとも思っています。なぜなら、シンプルを心がけることが、お互いに理解し合う手助けになっているからです。

## 相手の顔が見えない文字のやりとりではわかりやすい表現が必要とされる

日本人同士のコミュニケーションも、実は非常にシンプルになってきていると言われています。

たとえば、だれかと直接会って言葉を交わすときには、無意識にせよ意識的にせよ、相手を傷つけないようにストレートな表現は避けて、やんわりとした物言いを心がけている人が多いのではないでしょうか。

しかし現在は、メールやＳＮＳを介した、文字によるコミュニケーションが増えています。昔の手書きの手紙とは違って、これらのデジタルのメッセージでは、文字の背後にある気持ちを表現することは、とてもむずかしいです。

そこで、なるべく相手に誤解を与えないように、シンプルな表現でメッセージを書いているはずです。相手の顔が見えず、自分の気持ちを伝えたときの反応を直接見ることができないので、極力わかりやすくしようとしているのです。

これは、海外の人たちと意思の疎通を図るときに非常に有効な方法です。自分の気持ちを文字で率直に伝え、相手にも文字で返事をしてもらうのです。文字だけのやりとりでは、お互いがわかりやすい表現を心がけなければ、理解し合うことは困難です。

相手の言っていることがわからないときは、もちろん質問をするでしょう。しかしその質問は、本当にわからないからしているのであって、嫌味でもなければ、何か他の考えがあってするわけでもありません。お互いが、ただ相手をより理解するための、シンプルな質問です。

## シンプルにすることで要点が見えてくる

このようなやりやりをすることによって、物事や状況がはっきりと見えてきます。

直接会って話をしていたときには、何となくその場の空気でうやむやになっていたものが、文字にすることで問題点や課題が明確になり、しっかりと結論を見いだすことができるようにもなります。

これは、文字数に制限があることも関係しているでしょう。たとえば日本人は、状況をひととおり細かく説明してから、最後に自分の立場を伝えて結論を述べる、といった話し方を好みます。

しかしながら、メールなど制限のあるやりとりでは、長々と状況説明している余裕はありません。だから、まずは結論から伝え、そのあとで理由を伝える、というシンプルなコミュニケーションが自然とできるようになるのではないでしょうか。

また、直接会って話をしているときには、聞かれたことに対して笑ってごまかしたり、聞き流してその場をやり過ごしたり、聞きづらいことを聞かなかったり、ということもあるでしょう。

でも、文字だけのやりとりでは、わからない点があったら、そのまま流さずに質問をしないと、そのあとのやりとりが続かないですよね。だから、やりとりのポイントをしっかりと明確にしないといけないのです。

つまりそれは、お互いが自分の意見を主張し合うコミュニケーションなのです。

## シンプルなコミュニケーションから信頼が生まれる

自己主張をすることは、ただ自分の言い分を主張することではありません。自分の思いや考えを、相手に理解してもらうために主張するのです。つまり、自己主張する目的というのは、相手に自分のことを理解してもらうことなのです。

そして、相手により理解してもらうために必要なのが、シンプルで率直なコミュニケーションです。

異なる文化を持つ者同士であればなおのこと、嘘をついてごまかしたり、隠し事をしたり、自分に都合の良いことだけ伝えて悪いことを話さなかったりする行為は、誤解しか生みません。自分を理解してもらうという目的とは、正反対の結果です。あえて複雑なやりとりで回り道をしても、ただ時間を無駄に過ごすだけですよね。

メールやSNSでのやりとりが増えたことで、シンプルなコミュニケーションから信頼が生まれる時代になったと言えるでしょう。もちろん、文字を使ったコミュニケーションに限ったことではありません。

日本人の多くは自己主張が苦手ですが、「シンプルで率直なやりとり」であれば、メールやメッセージなどで日々たくさん交わしているのではないでしょうか。実はそれが、海外で通用するコミュニケーションの基準なのです。

# ❞海外で通用するコミュニケーション

## 率直だからこそユーモアを忘れずに

シンプルなコミュニケーションをとる際に、気をつけなければいけないことがあります。それは、感情的な言葉遣いになったり、あるいは反対に、淡々と感情のない文章になったりしてしまうことです。

ＳＮＳなどのデジタルツールでは、絵文字を使ったりスタンプを使ったりして、会話がギスギスとしたものにならないようにしていますよね。相手が目の前にいなくて、直接反応を見ながらやりとりをすることができないため、相手に不快な思いをさせないように気を遣っているわけです。

海外の人たちとのやりとりでも同じです。彼らは、シンプルで率直なやりとりをしているからこそ、常にユーモアを大切にしています。相手に厳しいことを伝えたり、率直な意見を伝えたりするときには直接的な表現をしますが、そこにユーモアをうまく使ってコミュニケーションを図っています。

日本人の場合、真面目な話をしている最中に冗談を言うと不謹慎だと怒る人もいますし、そもそも冗談を言ってはいけないような雰囲気もあります。

しかし、冗談を言ったことで場が和んで、意外と交渉がうまくいくこともありますよね。あるいは、自分の主張を通そうとするときに、上手にユーモアを交えてやりとりをしていくこともあるのではないでしょうか。

日本の会社で上司に冗談を言うなんて、下手をするとふざけていると受け取られてしまうこともあり、なかなか簡単ではないかもしれません。しかし、率直でシンプルなコミュニケーションを心がけるにあたっては、ユーモアを潤滑油としてうまく使いたいものです。

私は、シャングリラホテルなどを所有し、アジアでは有数の財閥であるクオックグループの社長と家族ぐるみでお付き合いしていますが、会っているときは常に笑いで包まれています。スタッフの皆さんも社長に平気で冗談を言っています。

ユーモアのセンスがあると一目置かれます。そして、ユーモアのある人だという印象は好意的に捉えられ、とても余裕のある人だと評価を受けることにもなるでしょう。

## 異文化には「ルール」が不可欠

海外では個人の意見が尊重されますし、さまざまな文化背景を持った人たちが一緒に生活をしています。ですから、社会のルールを明確にしないと、共通の認識を持って暮らしていくことが難しくなります。

これは、会社でも学校でも、あるいは町や国、社会全体であっても、大きさに関係なく言えることです。人と人とが属する社会では、共通のルールのもとに活動することが不可欠です。

同じ文化背景の人たちだけであれば、ルールを明文化しなくても、共通の概念で秩序を保つことが可能です。だれもが同じような常識を持っていれば、問題が起きたときにも、ひとつの解決方法で全員が納得できますし、ルールが明確でない場合でも、話し合いによってお互いに理解できるでしょう。

そのため、あとで「言った」「言わない」などという争いに発展することも少ないのではないかと思います。

しかし、文化も宗教も人種も何もかもが違う人たちが集まった組織では、常識すらも、それぞれ異なっています。そのような組織では、あるひとつの物事に対する解釈も、人によって大きく違ってくる可能性があります。

ですから、ベースとなる考えを明確にして、だれもが守らなければならないルールにしておく必要があるのです。

## 「日本だったら……」では通じない

そうやって明文化されたルールは、全員がそれに納得しているという前提があり、それをもとにすべての物事が進んでいきます。

それによって責任の所在が明確になり、たとえ異なる解釈をしてしまったとしても、ルールのもとにすべてが決定されます。間違った解釈をした場合にも、常にルールにしたがうことで組織としての秩序が保たれます。

つまり、自分の行動は、すべて自分の責任において行うことになるのです。

海外に進出した日本の企業の方から、よく聞く話があります。細かいルールを定めていなかったために、スタッフの行動の基準となるものが存在せず、トラブルが起きてしまった、というのです。「そんなことをするとは思わなかった」「日本だったら、こんなことは起こらない」……日本企業の方からは、そんな言葉が漏れてきます。

このように、明確なルールを決めずに「本人の常識」に任せたために、会社の規律というものが統一性を失ってしまうことはよくあります。

しかし、異なる文化背景を持つ人たちの集まりでは、そもそも、各自が抱いている常識が違っているわけですから、「本人の常識」に任せれば、おのずと結果も変わってくるのです。

「そんなことは言わなくてもわかるだろう」とか「そんなことまで上司に言わせるな」といったセリフは、日本の会社ではよく耳にするかもしれませんが、海外ではまったく通用しません。

# ”自分の「基準」を持つということ

## 子育てに学ぶ異文化コミュニケーション

異なる文化背景を持つ異なる立場の人たちが、だれもが好き勝手に自分の主張ばかりしては、組織どころか社会も成立しません。

そこで、それぞれの立場を尊重しながらも論理的に対処していくことが求められる。「これくらいはわかってくれるだろう」とか「ここまで細かく説明する必要はないだろう」などと考えてはいけません。どんなに細かなことでも、すべてにおいて論理的にする必要があります。

これは、私自身は海外でのビジネスを通じて学んできたことですが、実は、子育ての場にも通じる話です。

子どもに対して、「子どもだから」というだけで頭ごなしに叱ったり命令したりしても、子どもは簡単には言うことを聞いてくれません。

しかし、どんなに小さな子どもでも、「こうだから、やってはだめ」「こうだったら、やっていい」というふうに、きちんと論理的に説明してあげると、理解度がまったく異なります。

子どもというものは、それこそ、親とはまったく違う常識を持っています。大人の世界を知らないのですから、当たり前ですよね。だから、大人の世界のルールを、ただ押し付けても理解できるわけがありません。

同じように、大人は子どもの常識を知りません。ですから子どもは、子どもの常識ですべてを考えていくわけですが、論理的に説明をすることで、自分の常識のなかで、社会というものやルールを理解していくことができるのです。

「子どもだから」わからないのではなく、違う世界観や常識を持っているだけなのです。

「前にも言ったでしょう」とか「何回同じことを言わせるの」とつい言ってしまいますが、逆に「なぜ自分のいうことが伝わらなかったのだろう」とか、「どのように話せば伝わるかな」と考えてみると良いでしょう。

伝わらないのは「子どもだから」ではなく、あなたの伝え方に問題があるのかもしれません。

## 論理力は異文化で生きるためのスキル

文化の異なる人たちが集まった社会では、お互いに「わかっていない」ことが前提になっています。つまり、相手が自分の常識を理解していないだけでなく、自分自身も、相手が持っている常識を知らないのです。

だから海外（＝異文化の人々が混在する場）では、すべてにおいて、論理的に説明されているかどうかが重視されます。

たとえば、日本の契約書は大枠しか書かれていないことが多いのに対して、海外の契約書はとても分厚く、非常に細かい部分まで具体的に書かれています。どんなに細かいことでも、それぞれが自分の常識で勝手に解釈すれば、まったく違う結果になってしまう可能性があるからです。

ここで言いたいのは、「論理的な思考」が大切だということではなくて、「論理的に説明」することによって、どんなに異なる文化背景や異なる常識を持った人たちとでも共存していくことができる、ということです。

つまり、論理的に説明するというのは、異文化の中で生きていくために必要なスキルなのです（論理力については出口先生が詳しく解説してくださっているので、ここで私が多くを語ることはしません）。

いまや日本国内であっても文化がますます多様化していて、さまざまな新しい「常識」が生まれています。日本人同士のコミュニケーションにおいても、物事を論理的に説明する力が必要な時代になっているのではないでしょうか。

## ルールがない状況で必要なもの

多様性のある社会におけるルールは、論理的に、かつ具体的に、明文化されているべきです。しかし、現実の世界においては、何もかもすべてをルールにして明文化することはむずかしいですよね。

そのときに必要になってくるのは、個人ひとりひとりが論理的に判断することです。そのためには、自身の判断基準を明確にしておく必要があります。

日本のように、周りの雰囲気に合わせて〝なんとなく〟ルールが決まっていく社会では、個人の判断というものは尊重されにくいと言えるでしょう。

しかし、個人主義が確立し、個人の意思が尊重される社会では、ひとりひとりが自分の意見を表現します。ですから受け止める側も、自分の意見や判断基準をしっかり持っていないと対応できないのです。

これは、自分が身を置いている社会で自然と身につけていくスキルと言えます。だから、海外の人が日本にやってきて、周りの空気を読みながら自分の意見を決めていく、というやり方を覚えるのがむずかしいのと同じように、日本人が海外で、自分の判断基準にしたがって自分の意見を伝えることは、相当むずかしいことでしょう。

これは、海外に留学したり赴任したり、あるいは移住した日本人が直面する問題でもあります。私自身、「ここまで伝えないと相手は理解できないのか……」と思ってしまう場面が、海外生活を始めたばかりのころには毎日のようにありました。

それがいまでは、お互いに率直に意見を言わないと居心地が悪いようになってしまいました。人間は、環境で作られていく生き物なのです。

## 自分の意見を言うことで評価される

自分の判断基準を持つことは、単純な人間関係だけでなく、ビジネスの場でもとても必要なスキルです。あなたにどんな素晴らしい能力があったとしても、相手に伝える能力を持っていなければ、周りはそれに気づくことがないでしょう。

会議にしても、なんとなく結論の見えているようなミーティングが、日本では多いように思います。しかし海外では、上司や部下といった上下関係や、はたまた会社の意向というものさえも気にせず、自分がどのように考えているかの意見を言うことが、何よりも評価される基準になっています。

世の中に「正解」は存在しません。多くの人が実感していることでしょうが、上司だから常に正解を言っているとは限りません。さまざまな価値観のもとに意見をぶつけ合うことで、より正解に近づいていくのです。

そのことを、多様性のある社会に身を置いている人は、だれもが経験として知っています。いまの日本でも、実はそうなのではないかと私は思います。すでに何度も述べてきたように、日本も多様性のある社会に変わってきているからです。

海外で働くとか、外資系企業に勤めるといった事情がなかったとしても、すべての日本人が、自分の判断基準で自分の意見を伝えるスキルを身につけるべき時代になっていると、強く感じています。

# 基準があるから「行動」できる

## 行動が早い人は「決断」をしている

自身で明確な判断基準を持っている人には、共通点があります。それは、行動が早い、ということです。

いまの時代、情報が非常に多く、そのためかえって決断することが難しくなっていると思います。しかし一方で、世界中の人が同時に情報を手に入れられるようになっているからこそ、判断のスピードが求められるようにもなっています。

多くの情報の中から素早く判断するには、自分の中に行動の明確な基準を持っておく必要があります。どんなにたくさんの情報に触れても、自身の基準に合うか合わないかを即座に判断できれば、決断を下すスピードは早くなります。

優柔不断な人や、いつまでも結論を出せない人というのは、自分の中に明確な判断基準を持っていません。だから、どんな場面でも悩んでしまいます。

## 直感の力を信じて、行動してみよう

そして、意外とあなどれないのが「直感」です。

たとえ明確な根拠が見当たらなくても、心のどこかで「嫌だな」と思っていたり、「ホントかな？」「大丈夫かな？」と疑う気持ちがあったりする場合には、行動はしないほうがいいでしょう。反対に、もしも「行動したいな」と直感が言っているのであれば、即行動しましょう。

どんな行動でも、１００パーセントの正解だということはあり得ません。あとから「やらなければよかった……」と後悔するかもしれません。しかし、実際に行動したからこそ、自分には合わないと気づくことができたのです。そして、本当にやりたいことがあれば、行動しながら少しずつ修正していけばいいのです。

行動しなければ、合うか合わないかもわかりませんし、どこを修正すればいいかもわからずじまいです。そうやって行動しないままでは、いつまでたっても判断基準を持つことはできません。

単純な話ですが、「行動が早い人」というのは、そもそも行動をしている人です。行動するには、なんらかの判断を下さなくてはいけません。そのために、自分の直感にしたがってみるのも、ひとつの方法ではないでしょうか。

## 行動しなければ何も始まらない

行動することについて、私はよく自転車にたとえた話をします。

身体的な理由やよほどの事情がないかぎり、自転車というのは、だれでも練習すれば乗れるようになる道具だと思います。そうは言っても、一度も自転車に乗ったことのない人からすれば、2つしか車輪のない不安定な乗り物を、自分がうまく乗りこなせるだろうかと考えてしまうでしょう。

もちろん、すでに乗れる人にとっては、自転車に乗ることは決してむずかしいことではありませんよね。

ただし、いまは簡単に自転車を乗りこなしている人も、初めからうまく乗れたわけではないはずです。最初は補助輪をつけたり、周りの人が手を貸してくれたりして、少しずつ少しずつ練習を重ねて乗れるようになったはずです。

だれでも自転車に乗れるようになりますが、自分には無理だと思って行動しなかった人は、いつまでたっても乗れないままです。

それに、自転車に乗れるようになるまでの時間には、個人差があります。たとえ完璧なマニュアルがあったとしても、すべての人がそのとおりに乗れるようになるわけではありません。あくまでも参考程度です。

初日からうまく乗れる人もいれば、1週間、1か月とかかる人もいますし、もっと長い時間が必要な人もいるでしょう。

いずれにせよ、自転車に乗れるようになるまでの時間は人それぞれですが、行動すれば、だれでも乗れるようになると思いませんか。

## 行動するための「練習」をする

これは自分の夢や、やりたいことにも、当てはまるのではないでしょうか。自分には無理だと最初からあきらめていたり、一部の成功している人に対して「あの人だから成功しているのだ」と考えたりしていないでしょうか？

そんなふうに考えている時間があったら、自分の基準で素早く判断し、チャンスを逃さず、どんどん行動していけばいいのではないかと思います。

この判断スピードも、環境によって作られると思います。判断や行動が早い人は、自分自身で早いと思っているわけではありません。周りからすると早く見えるだけで、本人にとっては当たり前のスピードで判断したり行動したりしているにすぎません。

そして、どんどん行動することによって、実は、自分の成功パターンや失敗する傾向が見えてきます。すると、より対策を立てやすくなり、成功する確率が高くなっていきます。

最初は失敗ばかりかもしれませんが、行動すればするほど成功しやすくなっていくのです。自転車にたくさん乗れば乗るほど、自転車の扱いが上手くなっていくのと同じことです。

たくさん行動すれば成功する確率が高くなるというのは、つまり、行動する練習をしているということなのです。

## 判断することは責任を持つこと

価値観が多様化する社会の中では、個人ひとりひとりが自分の判断基準を持つべきだと述べてきましたが、それは言い換えれば、自分の行動には自分で責任を持つということです。

自分で判断して、自分で行動したのですから、成功しても、失敗しても、すべての原因と責任は自分にあります。

決して人のせいにしてはいけません。相手に自分の言いたいことが伝わらないのも、自分の伝え方の問題だと考えることです。その言葉で、その表現で相手に伝えたのは自分の判断です。

なんとなく周りの空気で自分の行動を決められる社会であれば、結果についても周りのせいにできるでしょう。しかし、自分で判断し、自分で行動しなければいけない社会においては、結果もすべて自分の責任です。

日本では、子どもの頃は家庭や学校では自分の意見を言う機会が少なく、自分で考え自分で行動する経験が圧倒的に少ないです。「親の言うことを聞きなさい」とか「先生の言うことを聞きなさい」と言われて育ちます。

しかし、社会に出た途端に、「自分で考えて行動しなさい」と言われるようになります。

成人したからといって、急に考え方や行動が変わるはずもありません。子どもの頃から、生きていくための大切なスキルとして、自分で判断して、自分で責任を負うということを学んでいく必要があるのではないでしょうか。

いま、世界はインターネットやテクノロジーの進化で、国境を越えて個人で活動できる時代に入っています。同じように日本も、そのような社会に変わっていくでしょう。より一層、自分で判断し、自分で行動し、自分で責任を取れる人材が評価される社会になるはずです。

# 正解のない世界で答えを探す

## 努力とは必要な準備をすること

よく「無駄な努力はない」と言われます。しかし私は、それが言えるのは「結果」が伴ったときだけだと思っています。

たしかに、「無駄な努力などない」と固く信じて、地道な努力を続けていくことは大切です。それをモチベーションとして行動することには、私も賛成です。でも、ただやり続ければ、それでOKということではないと思うのです。

日本では、「努力」と「苦労」が同義語のように使われることがよくあります。そのため、「何でもいいから、とにかく苦労すれば、何かの結果がついてくる（はず）」と思っている人も多いように思えます。

私は、努力というのは「必要な準備をすること」だと思っています。どんなことにも「準備」があるように、努力は、自分が目指している成果を実現するための準備なのです。言い換えると、成果のための努力でなければ意味がありません。

10歳になる私の息子はサッカーをしているのですが、夏休みなどに日本に帰国した際には、特別にご好意で日本のサッカークラブの練習に参加させてもらっています。あるとき、練習を終えた息子が、私にこんなことを言ったのです。

「日本のチームはいいね。ゴールを決めなくても褒められるんだ。オランダだったら、何本シュートを打ったって、ゴールできなかったら褒めてもらえないよ」

シュートは、ゴールのための準備です。たしかにシュートを打たなくてはゴールを決められませんが、あくまで成果はゴールであって、準備（シュート）だけで満足すべきではありません。それでは、本来目指す成果とは別の成果に終わってしまうかもしれません（たとえば、ものすごくシュートはうまいがゴールは決められない）。

サッカーであれば「成果＝ゴール」ですが、ビジネスや人生での成果は人それぞれです。だからこそ、自分は何を目指しているのか、何が自分のゴールなのかを考え、それを達成するために必要な準備（努力）とは何かを見極めなくてはいけません。

## 判断を委ねることは未来を放棄すること

自分で考え、自分の判断基準で行動していくには、どのようなスキルが必要でしょうか。何もよりもまず、自分のやりたいことを明確にし、どのように取り組むべきかを、ひとりひとりがしっかりと考えていく必要があります。

かつての高度経済成長の時代は、常に「正解」というものがあり、社会全体で同じ方向に進んでいくことが正しかった時代です。しかし、現代のように価値観の多様化が進み、「正解」と呼べるものがない時代では、自分自身が考える力を身につける必要があります。

日本人は、周りの雰囲気を気にして、人と違うことをしてはいけないと考えがちです。他の人が自分のことをどう見るだろうかと、ついつい考えてしまいます。そうした考えのもとでする行動は、周りとの摩擦を生まないため、とても居心地の良い、変化を必要としない行動になります。

でもそれは、判断基準が「周りの空気」になってしまっている状況です。自分が何をしたいか、どうしたいか、ということが基準ではないのです。

それだけでなく、その選択をしたことが自分にとってどのような未来をもたらすか、ということについても考えていないだろうと思うのです。それでは、自分の未来を放棄しているも同然です。

## だれもが「経営者」の視点を持つ

いまの日本人は、目標とする「モデル」を見いだすことができずに、何をすればいいかわからなくなっているのではないか――私にはそう思えてなりません。

周りと同じことをしていれば安心で、人と同じように行動することが将来を保証してくれるものではなくなっています。そんな状況の中で、ではどうしたらいいのか、何を基準に、何を頼りにしていけばいいのかわからず、戸惑っている人が多いのではないでしょうか。

しかしこれは、自分の人生を自分の手に取り戻すチャンスでもあります。ひとりひとりが、周りの目を気にすることなく、自分の人生を「デザイン」して生きていく時代になってきたのです。

言ってみれば、だれもが経営者になったようなものです。全ての人が自分という人間の経営者なのです。

経営者というのは、会社の方向性を常に意識して、全体を俯瞰し、どのような取り組みをしていけば最善の結果を得られるかを、常に考えています。また、業績を上げるために戦略を立て、そして行動していくのです。

つまり経営者は、行動しながら戦略が正しいかどうかを検証し、時代に合わせてビジネスを変えていく柔軟性を持っています。

ビジネスの世界に正解はありません。それは人生も同じです。かつてのように「良い学校に進み、良い会社に入る」ことが「常に正しい」という価値観は、すでに終わっています。

答えは、自分で見いださなくてはなりません。他のだれかの正解ではなく、まして「周りのみんな」の正解でもなく、自分自身だけの正解を見つけ、それを指針として前に進んでいかなくては、いまの時代を生き抜くことはできないのです。

## ”人生は「選択」でできている

### 毎日９０００回の選択が人生を作る

人生に正解はありません。

でも、だれもが常に自分自身で人生を「選択」していることに、もっと多くの人が気づくべきです。「私には選択の余地がない」と、人生を半ばあきらめているような人が、あまりにも多いように思います。しかしながら、いまのあなたの人生は、あなた自身が選択したものなのです。

日本の教育は詰め込み教育で、そのせいで子どもの思考力を養っていないと言われます。でも本当に、日本人は考えることができないのでしょうか？　私には、考えることを「放棄」しているように見えるのです。

人は毎晩、翌朝のために目覚ましをかけて寝るか、それとも自然と目覚めるかを選択しています。朝には、目覚めてからすぐに起き上がるか、少し布団の中でゴロゴロするかの選択をしています。布団から出たら、まずトイレに行くのか、顔を洗うのか、それとも先に着替えるのか。

これらすべて、あなた自身の選択です。家を出る時間、目的地までの経路、道路を渡るタイミング……すべてが選択です。

なんと人は一日に、無意識のものも含めると、約９０００回の選択をしていると言われています。一年では、実に３２８万５０００回のもの選択をしている計算になります。

言い換えると、９０００回の選択があなたの一日になり、３２８万回におよぶ選択の結果が、あなたの一年なのです。

では、あなたはこれまでに、何千万回の選択をしてきたでしょうか？　その選択ひとつひとつによって、いまのあなたの人生が形作られているとしたら、あなたは自身の選択に満足できるでしょうか？

## 選択肢に気づくことが第一歩

人は日々多くの選択をしながら生きていますが、自身の人生を主体的に捉えて選択をしている、と自覚している人は少ないのではないでしょうか。とくに日本人の場合、なんとなく「仕方ない」という言葉で片付けてしまっているように、私には見えてなりません。

その要因のひとつに、海外と比べて日本は、子どものころから主体的に選択できると実感する機会が少ないのかもしれない、とも思っています。

私がいま暮らしているオランダでは、小学校のときから、授業の時間割を自分で決められる学校もあります。今日はずっと算数をやりたいと思えば、一日じゅう算数に取り組むことが許されています。人によって学習のスピードは違うので、それぞれのペースに合わせて学ぶことができるのは、いいことですよね。

そしてこれは、自分自身のことを主体的に考えて行動する訓練にもなっていると思います。周りと違う行動を選択するには勇気が必要になりますが、子どものころから当たり前のように、自分自身の行動を主体的に選択していれば、周りの目を気にして行動が制限されてしまう、という概念すら生まれないでしょう。

でも自分はそんなことを教わっていないし、いまさら人生を変えられない……などと悲観することはありません。

人生には多くの選択肢があり、どれを選ぶかは自分自身で決められるのだと気づくことが、何よりも大切です。そうすれば、自分の人生は思った以上に多くの可能性に満ちている、と考えられるようになるでしょう。

だからこそ、ただ漫然と選択するのではなく、自身の可能性を最大限に生かしていくための選択をしましょう。

## オランダでは「死」も自分で選べる

子どものころから主体性を重んじられているオランダでは、死さえも自身で選択できます。ご存じの方もいるかもしれませんが、オランダは世界で初めて、安楽死を法的に容認した国なのです。

このことについて、早稲田大学法学部在籍中にオランダに留学した清水元輝くんが、興味深い論文を書いています。

（前略）安楽死を可能にした土壌として、私は次の2つのオランダ人の国民性を指摘したい。第1に、自主的判断を尊重し、個人の自己決定権を強く主張する点を無視することはできない。オランダでは、満18歳で成人となり、親の収入に関わりなく政府から奨学金を給付され自立できるようになる。

売春やソフトドラッグの許容にも表れているように、この自由の国において「いかに生きるか」は個人の選択と責任に委ねられるのだ。それゆえ、「いかに死ぬか」についても生命の主体たる当の本人が決定するという意識が育まれるのだろう。

第2に、オランダ人の開放性について触れたい。オランダ社会の大きな特徴として、異質なものに対する寛容な姿勢がある。私は1年余りオランダに滞在したが、驚くことに自身が外部者であると感じることはなかった。このような開放性は、民族、人種、宗教など様々な側面に見られるが、議論をオープンに行うことにも表れており安楽死論議も例に漏れない。

（清水元輝「オランダにおける安楽死および医師による自殺幇助」より）

現状を〝仕方なく〟受け入れる人生を送るのか、それとも、自分の思うような人生を送るのか――すべてはあなたの選択にかかっているのです。

# ”自分で考え、選択し、行動する

## 自分を見つめ直す時間を持とう

現代人の生活は忙しいと言われます。私は、急成長するアジアでビジネスをしていましたが、たしかに忙しい毎日でした。しかし、その後オランダに移り住んでから、人生観がまったく変わりました。

日本でも働き方改革が叫ばれていますが、オランダにはそもそも残業がありません。パートタイムで働く人も多く、非常にゆとりのある生活を送っています。子どもにしても、小学生は基本的に宿題がなく、習い事に追われることもありません。

オランダの人たちは平日でも、家族で一緒に過ごす時間を多く持っています。忙しくない生活が、家族とゆっくり過ごす時間を作り、自分のために時間を有意義に使えるような生活を実現しているのです。

そのため、自分自身を見つめ直す時間も自然と作り出すことができます。日本でオランダと同じような生活を送るのは、まだまだむずかしいかもしれませんが、意識して、自分を見つめ直す時間を作ってみるといいと思います。

そうすることで、忙しい日常では気づかなかったことに思い至ったり、忘れていた気持ちを思い出したり、夢や将来についての展望を描くこともできるでしょう。

## 考えるだけで終わらせない

そんなふうに自分について考えるときに大切なのは、「ああすればよかった」とか「こうなったら、どうなるのだろう?」などと、ぐるぐる頭の中だけで考えないことです。必要なのは状況を分析し、対策を考えていくことです。そして、その対策を選択していくのです。

私は19歳のときに訪問した、中国返還前の香港の国際都市ぶりにショックを受け、このような環境で子育てをしないといけないと考えました。

当時はまだ学生で、子どもがいないどころか結婚もしていませんでしたが、日本で生まれ育った私には、語学力も国際感覚も、香港の人たちには到底かなわないように思え、わが子の将来を案じてしまったのです。

しかし一方で、この環境に身を置きさえすれば、それらは決して特別なことではなく、自然と身につくのではないかとも考えたのです。

そこで、自分の子どもは海外で育てようと決意しました。それからの10年間は海外で暮らすための準備をして、29歳で北京に移り住みます。その後、北京で出会った妻（日本人です）と引っ越した先の香港で長男が生まれました。

長男が幼稚園に通うタイミングで、英語が準公用語のマレーシアに移り、さらに現在は、「子どもの幸福度世界一」と言われるオランダで暮らしています。

すべては「子どもの教育のために海外に住もう！」という思いが根底にあります。それを軸にして、子どもの成長のステージに合わせて住む国を移動しています。私たちなりに考え、選択し、行動しています。

何かを変えたいと思いながら行動しないことは、結局、自分が「現状を甘んじて受け入れる人生」を選択していることになります。問題があれば先延ばしせず、すぐに取り組みましょう。本当の自分は何をしたいのか、何をしたくないのか、自分に正直に行動していきましょう。

## 「海外で生きる」ということ

日本から海外に出ていくことについて、あらためて考えてみたいと思います。私は、子どもの教育のために海外で暮らす道を選びましたが、あなたは、どういう思いで、海外で生きていくことを考えているでしょうか？

海外で生きるということは、そこがどんな国・地域であれ、母国である日本でないかぎり、「外国人」「アウトサイダー」になることを意味します。みんなと同じ、周りに合わせて……という考え方は、そもそも不可能になります。

そんなアウトサイダーの生き方について、日本の法社会学を専門とするライデン大学のエリック・ハーバー教授へのインタビューを紹介します。

「アウトサイダー」は、必ず「インサイダー」とは違う見方で物事を見ています。

外国人として君［注：日本人の取材者］は常に僕とは別の視点でオランダを見ているし、僕は常に君とは別の視点で日本を見ています。外国人、つまりアウトサイダーである僕には「違い」がはっきりとわかるのです。インサイダーが当たり前だと思っていることが、僕には普通じゃないように見えるかもしれない。だからそれを僕は論文にしたり、「特異なことだ」と彼らに話したりするわけです。
（中略）僕が日本の特異な部分を日本人に伝えるとき、彼らもまた驚くのです。このとき得られる反応には二種類あります。一つは「あなたは理解できてない、なぜならあなたは外国人だからだ」というもの。もう一方は「私は今までそんなこと考えもしなかったよ」というものです。そうして論議を活性化させるという点で、アウトサイダーの視点には価値があります。

## 世界には「中心」も「周辺」もない

僕はオランダで日本の法律を研究していますが、自分が「中心」から離れたところで働いているとは思いません。「中心」が、一定の国籍を持った人々や言語を同じくする人々によって占められている場所というのは、固定観念です。現在、「中心」は一つだけ存在するのではありません。いくつもあって、あらゆる種類の「中心」があるのです。

僕はオランダにいるとき、必ずしも自分がオランダという「中心」にいるとは思いません。オランダにいると、オランダが世界の「中心」に見えるかもしれませんが、この考えは、外から来た人の目にはとても馬鹿げたものに映るでしょう。もちろん、「中心」ではありません。

僕が日本にいたとき、「オランダでは何語を話すんだ？　英語？」と尋ねられましたし、あるアメリカ人は「オランダはデンマークの一部だろう？」と言いました。それはオランダが存在しないと言っているようなものです。彼らにとっては、日本やアメリカが世界の「中心」で、少なくともオランダよりは遥かに「中心」なのです。しかし、もちろん日本もアメリカも「中心」ではありません。（中略）今日、境界を越える見方が求められているように思います。「中心」や「周辺」といった考えは、落とし穴のある問題になってきているのです。

（インタビュー：清水元輝）

世界のどこで生きようと、自分自身をしっかりと持っていれば、十分に実力を発揮して活躍することができるはずです。そのためには、「自分で考える」ということが何よりも大切です。

自分で考え、それを率直に伝えて、自らの人生を選び取っていくことができれば、「アウトサイダー」であることさえ楽しめるようになるでしょう。それが、あなたの人生にまた新たな一幕をもたらしてくれるかもしれません。

日本人としての素晴らしい能力を、海外で存分に発揮し、世界じゅうのだれもが認める活躍をしてくれる若者が、ひとりでも多く誕生することを願っています。

# ”海外で生きてこそ得られる力

## 海外で生きる「覚悟」について

海外で生きるということは、当然のことながら、日本を離れるということです。そこには、やはり「覚悟」が必要になります。

生まれ育った土地とは違う世界で、ひとりで「戦う」ということ、自分とは違う文化をもつ人々とともに生きていくことについて、現在、私と同じオランダで暮らし、個人事業主として「戦って」いる、加藤麻里さんにご寄稿いただきました。

オランダに来て、自分の今までやってきたことで生計を立てる。一言で言ってしまえばそれだけのことですが、簡単ではありません。

でも、今までわたしが好きで選んでやってきたことが、専門職であったこと、それがわたしの武器であり、ここで勝負できると思った大きな決定打でした（筆者注：加藤さんは日本では教員をなさっていました）。

例えばわたしが、そういうものを持っていなかったら……。きっと、ここにくる勇気は持てなかったと思います。

ほんとうに、これは謙遜でもなんでもなく、わたしはオランダに来ると決めた時、それがどんなことなのかよく考えていなかったように、今では思います。

## 「日本を離れる」という決意

こちらに来る前、イギリス留学を終えていったん日本に帰国して2か月、家族と過ごしました。それは居心地のいい空間で、もうオランダ行きはやめて、このままここで仕事を探し、生きて行ったほうがいいのではないか、とも思いました。

でも、自分が日本に戻った2か月で、そういう思いになるであろうことも、ロンドンにいる間に容易に想像がついていたので、そんな気持ちになった時に後戻りできないように、「オランダに行く」ことを周りに話していました。

「やっぱりやめる」と言えなくなるように、です。

自分で考えて考えて考え抜いて決めたことだからです。もしこれが、誰かに決められたことだったら、わたしは間違いなくやめていたと思います。

でも、そこで両親のもとが世界で一番心地よいと感じたのも、オランダに旅立つ決意でいたからこそだと思います。

決めたきっかけは、自分の専門職を武器に、大好きなヨーロッパで生きて行きたいと思ったことはもちろん一番の理由でしたが、でも、それだけでなく、やはりどこかで、自分のための時間を、人生を、自分で決めて切りひらいて生きて行きたい、と強く思ったからでした。自由なものだと思います。

それを日本でできないのかと問われると、そんなことはないと思います。でも、日本でやるより海外のほうが面白いと、わたしは単純にそう思います。

## 見知らぬ土地で生きる楽しさ

オランダに来たばかりの頃と言ったら、ほんとうに、びっくりするほど、右も左も何もわかりませんでした。

ただただ、どうしようもないのです。いまだに途方にくれることもありますが、それを紐解くヒントはどこかにあり、そのヒントを与えてくれる人や、一緒に紐解いてくれる人と自然に出会っていけることが、ほんとうに面白いのです。自分で障害をクリアしていくこの感覚は、どんどん自分の経験を豊かにしてくれます。

日本を離れて学んだことは、数え切れないほどありますし、人生を豊かに過ごすことについても考えられるようになりました。それもすべて、誰かの支えあってのことです。

日本の社会の中で働いていたことも、とてもいい経験になりましたし、仕事があるというありがたさも、オランダにパスポートひとつで来て、会社をおこしてすぐの何もない状態を思うと、仕事をもらえて、お給料を決まって受け取れていたあの状況が、いかにありがたかったか、身にしみました。

海外と日本を比べると、違うことばかりですが、いろいろな国に住んでみないと、やはり日本のいい点、悪い点に気づくことはできません。

## 本当に生きたい人生のために

わたしはラッキーだと思いますが、それに甘んじることなく、これからも苦しんで人生を切り開いていこうと思っています。海外生活がただ楽しいだけだなんて、そんなことはないのです。

ただ、無い物ねだりという言葉があるように、わたしからすれば、日本で家庭を持って生活している同年代の友人たちが羨ましくもあります。でも、きっとわたしには、今のこの生活のほうが向いているのだということも、自分でわかってきています。

面白いことに、こちらで出会う個人事業主の人たちは、驚くほど、ネガティブなことを言いません。自分で決めた人生を生きるというのは、そういうことなのだと思います。すべて自分の責任で、誰のせいにもできないのです。

そもそも、そんな余裕がないとも言えるのかもしれませんが、みんなが自分の人生を力強く、一生懸命に、支え合って生きていて、その中に自分がいられることを誇りに思います。

人生に無駄な時間なんてありません。つらいこともすべてが経験であり、思うこと、感じることによって、今度は相手を思いやれるようになるはずです。

（加藤麻里「ヨーロッパで個人事業主として生きる」より）

# ”自分を表現することを我慢しない

## 遠慮しなくても失礼ではない

海外で暮らすようになって15年以上が過ぎ、自分のコミュニケーションが変わってきたことを実感しています。

かつては、私も日本の多くのビジネスパーソンと同じように、必要以上に相手を気遣い、思ったこともストレートには伝えずに、とにかく「失礼のないように」と心がけてきました。

私の場合、父親がどちらかというと厳しい人だったため、特に「目上の人の失礼に当たらないように」ということを厳しくしつけられてきたせいもあるかもしれません。「失礼なことをしない」ことこそが、コミュニケーションの「正解」だと思っていたのです。

しかし最近では、「遠慮しない」「我慢しない」という姿勢に変わりました。自分の思っていることは遠慮せず言う。言いたいことを我慢しない――これが、私が異文化で生きてきたなかで得た、「生き残るためのコミュニケーション」です。

無理に相手の気持ちを推し量って、遠慮して、言いたいことを我慢して、その結果、お互いに理解できないままに終わる……となるよりも、自分の思ったことを遠慮なく伝えたほうが、自分を理解してもらいやすいだけでなく、相手をより深く理解することにもつながると、この15年で学んできたからです。

そのため、時には相手にとって失礼に当たる発言をしていることもあると思います。「それは口に出さないのではないか、普通は」と思われるようなことを言って、周りを焦らせていることもある気がします。そういう空気は、何となく感じています。

しかし、「遠慮しない」ことと「無遠慮」とは別物です。遠慮せず、我慢しなくても、相手を不快にさせたり、気分を害したりせずに、うまくコミュニケーションを取ることはできるはずです。

実際、「遠慮しない・我慢しない」という私のコミュニケーションでも、そのせいで周りに引かれることがあっても、結果的には多くのすばらしい人たちとつながり、いい関係を築けていることが、それを証明していると思うのです。

## 遠慮はしないが、人格は否定しない

これを実現できている理由のひとつには、たとえ遠慮なく言いたいことを言ったとしても、決して相手の人格や人間性を否定するようなことは言わない、ということがあります。

もちろん意識して気をつけていることでもありますが、そもそも「遠慮せず言いたいことを言う」のは、相手に対する文句を言いたいからそうするのではありません。自分の考えや思いをきちんと相手に伝えたいから、遠慮しないのです。

だから、特に相手の意見と違う発言をするときには、「私はこう思います」と明確に表現するようにしています。そこで「あなたの考えはおかしい」などと言ってしまえば、それこそ無遠慮なふるまいであり、その先の意思疎通ができなくなってしまうでしょう。

なかには、「私はこう思う」という発言を、自分の意見への批判や否定だと受け取る人もたしかにいます。そして、感情的に怒りだす人もいます。日本人同士のコミュニケーションでは、真正面から反対意見が出ることが少ないでしょうから、ただ慣れていないだけかもしれません。

そういうときには、私はしっかりと自分の考えを説明します。「あなたの意見は、私にはこういうふうに聞こえたのです。だから、私はこう思いました。もし違っていたら指摘してください」と。こちらが遠慮せず言うからこそ、きちんと伝わるように説明するのは当然の責任だと思っています。

そして、このような言い方をすれば、「あなたは間違っている」などと言って相手を否定する必要もありません。そもそも、どちらかが間違っているということはなく、ただ考え方が違っているだけです。だから、もしかするとこちらの解釈がずれているだけなのかもしれません。

こうした考えを持てるようになったのも、いろいろな文化背景を持ち、異なる考えを持つ人たちとのなかで生活し、ビジネスをして、どうにかコミュニケーションを果たそうとしてきた日々の賜物です。

相手を否定しなくても、遠慮も我慢もしなくても、自分の意見を主張することはできますし、それこそがコミュニケーションでもっとも重要なことだと気づかされたのです。

## 与え、与えられる関係を築くために

「遠慮しない」「我慢しない」という姿勢になったおかげで、人との会い方も変わってきました。たとえ何年も会っていなくても、あるいは過去に一度しか顔を合わせたことがない人であっても、遠慮なく連絡を取れるようになったのです。

実は、この本の共著者である川口英幸さんとも、最初に知り合ってから数年を経て、具体的なビジネスの話をするようになりました。

もう何年も顔を合わせていないのに、いきなり電話してきて頼み事をしてくるような人も時々いますが、そういうことではありません。私が遠慮せず連絡できるのは、相手に何か提供できると考えられるときにしか連絡しない、と決めているからです。

成功している人は、たくさんの人に会っています。そして、いつも相手から何かを学ぼうとしています。その意味で、どんな相手であっても、会って無駄だったことはない、と言い切れるのです。

しかし、たとえ自分にとっては無駄でなくても、相手が無駄だと思っていては意味がありません。自分だけ欲しいものを得て、相手には何も与えず、ただ時間を奪っただけになっては、その後に良い関係を築けるわけがありません。

だから私も、できるだけたくさんの人に会い、多くのことを学びたいと思ってはいますが、私と会うことで相手にも何らかのメリットをもたらせられないかと考えています。相手の時間を奪うだけになってしまうなと思うときは、連絡を取って会うようなことはせず、タイミングを待つようにしています。

そういう姿勢を、他人行儀ではないかと言ってくれる人もいます。確かに、顔を見せることに意義がある場合もあります。しかし、多くの人が気持ちよく会ってくれ、その後も関係を続けてもらえているということは、私の思いは伝わっているのだと信じています。

遠慮せず、我慢しないコミュニケーションというのは、決して傍若無人なふるまいではなく、裏表のない真っさらな自分を理解してもらうための表現方法です。自分の行動に自信を持ち、それを貫くことが、結果的には最良のコミュニケーションになるのだと思います。

第2章

川口英幸

# ビジネスで生き残るコミュニケーション

愛し愛される「理解力」

# 中卒の私が社長になった理由

## とにかく「社長」になりたかった

僕が最初に会社を立ち上げたのは19歳の時です。地元・静岡で建設関連の会社を始めました。

10代で起業というのは、今でこそ増えているのかもしれませんが、当時としては珍しかったのではないかと思います。そうは言っても、僕に特別な才能があったとか、画期的なアイデアをひらめいたとか、そういうわけではありません。

何しろ僕の最終学歴は、中学卒業。

そんな僕が、なぜ自分で会社を興そうと思ったのかといえば、これも正直に言ってしまいますが、お金持ちになりたかったからです。それに、「社長」って呼ばれたかった。そのためには、会社を立ち上げるしかなかったのです。

ただし、当時の僕にはもう一つの思いもありました。それは、「かっこいい大人になりたい」という思いです。

## 「かっこいい大人」になりたい

当時かなり遊んじゃっていた僕の周りには、様々な年代の人がいましたが、なかでも僕は、40代や50代の人たちと一緒にいるのが好きでした。建設会社の社長さんなど、同じ遊びでも「華やかな世界」の遊びを知っている人たちです。

片や同世代の友人たちを見ると、遊びといえば、ほとんどがパチンコでした。もちろん僕もやったことはありますが、好きにはなれなかった。なぜかと言うと、パチンコ屋には「かっこいい」と思える先輩がいなかったからです。

その一方で、自分で会社をやっている人たちは、それこそクラブで楽しい夜を過ごしたり、海外に行けばカジノで豪快な遊びをしたり。当時の僕には、その姿がたまらなくかっこよく思え、ああいう大人になりたいと思うようになったのです。

そうした場では常にお金が動いていました。だから、お金がなければ自分が行きたい世界には行けない……お金持ちになるには社長だ！　という発想だったのです。

## 何もかも失ったターニングポイント

そうやって立ち上げた会社は、先輩方によく可愛がってもらったおかげもあって、順調に伸びていきました。特に20代の前半頃は、何をやってもうまくいくような時期もあったくらいです。

しかし、27歳の時にターニングポイントを迎えます。会社が倒産し、信用も、お金も、プライドも、何もかも、すべてをなくしてしまったのです。

元来、僕はポジティブな人間ですが、この時ばかりは生きる力を失いかけました。そんなことは、44歳になる今でも、この時かぎりです。

人の道を逸れそうにもなりましたし、人と会うのが大好きだったはずが、誰とも顔を合わせたくないと思うようにもなっていました。友人たちは口々に「ヒデなら大丈夫」と励ましてくれましたが、そうした言葉すらも鬱陶しく感じられるほどの状態だったのです。まさに「同情するなら金をくれ」という心境です。

何も見えなくなり、立ち直る方法すらも見いだせなかった僕を救ってくれたのは、一冊のノートでした。それは、僕の生涯唯一の師匠から学んだことを書き留めたノートです。

どん底状態のある日、何の気なしにそのノートをぱらぱらとめくっていた僕は、気づけば号泣していました。そして、なぜ自分が失敗したのか、その原因を明確に悟りました。

それと同時に、どうすればもう一度やり直せるのか、その方法と自信も見つけていたのです。

# ”どん底で知った「当たり前」の大切さ

## 「当たり前」を教えてくれた師匠

僕の師匠は、福岡で会社を興し、最終的には17社ほどのグループ会社を持ち、100億円規模にまで成長させた経営者です。

彼は様々な事業を手がけるだけでなく講演活動も行なっていて、僕も20歳の時に聴く機会がありました。その講演の後で感想などを書いた手紙を送ったことから、「面白いやつだな」と思ってもらえたようで、食事に誘ってもらうなどして交流が始まりました。

そのなかで僕は、本当にたくさんのことを学びました。

中卒でマナーも常識もろくに持たない僕に、新聞の読み方から靴の揃え方、お酒の注ぎ方（ラベルを上にしろ）に、刺身の食べ方（ワサビは醤油に混ぜてはいけない）などなど、社会人としての「当たり前」のことを教えてくれたのが師匠でした。

「当たり前のことを当たり前にやることが何よりも大切」というのは、よく言われることですし、色々な経営書などにも書かれてあることです。だから、多くの人がわかっていることかもしれませんが、本当に実践できている人は少ないのではないでしょうか。師匠は、そのことを純粋に教え込んでくれたのです。

## 調子に乗ってはまった落とし穴

経営やビジネスにもついても、師匠は当たり前のことしか言いませんでした。経営の極意とか儲かる仕組みといった話は一切ありません。それよりも、「どんな人でも本気でやればできる」「もしうまくいかなかったら、それは努力の仕方を間違っていただけ。だから、正しい努力のやり方さえ学べば、誰でもやり直せる」というのが口癖だったのです。

そうやって教わったことを、僕も当初は実践していたのですが、自分のものになっていなかったので、きちんと習慣化されていませんでした。僕が25歳の時に、師匠が若くして亡くなってしまったことも、教えを守れなくなった原因の一つかもしれません（言い訳ですが）。

しかも悪いことに、「当たり前」の教えを守らなくなっていったのと反比例するように、商売が好調になっていきました。若さに勢いも手伝って、どんどんますます調子に乗っていき、お金の扱いもずさんになって、人を大事にするどころか、金で権力を手に入れようとするような、そんな生意気で横柄な人間になってしまったのです。師匠の教えとはかけ離れる一方でした。

そうこうするうちにすべてのサイクルがおかしくなって、信用も信頼も失い、事業の歯車も合わなくなって、みるみる急降下していった……というのが倒産の実情です。

## どん底でようやく見つけた希望

そうしたことのすべてが、あの日、師匠の教えをまとめたノートを見た瞬間に、はっきりと自分に迫ってきて、涙が止まらなくなったのです。しかし一方で、ここに書いてあることを実践すれば、もう一度やり直せるかもしれない、というかすかな希望も摑んでいました。

そのノートに何が書かれていたのかといえば、特別なことは何もありません。師匠の教えである「どんな人でも本気でやればできる」「もしうまくいかなかったら、それは努力の仕方を間違っていただけ」ということだけです。

でも、その当たり前のことが、どれほど本質を突いていて、それを疎かにしたために自分がどれほどのものを失ってしまったか、その時、痛いほど伝わってきたのです。

それからの数年は「地道」と言えば聞こえがいいですが、はっきり言えば「泥臭い」苦労を重ねました。

そうしたなかで手応えを得て、34歳で二度目の起業を果たしました。その会社は、今では全国に19の営業・事業所を持ち、海外にも進出できて、従業員300人（関連会社を含む）を抱える企業に成長しました。教育や環境事業にも参入し、幅広く社会に貢献することを目指しています。

どん底を味わったことで知った「当たり前」の大切さを、地道に、着実に実践していることが、今の僕と会社の基礎になっているのです。

## ”会社は「人」が10割

### 立派な理論も人にはかなわない

僕の会社は、クライアントから依頼を受けて営業やマーケティングを行なう、ＢＰＯ（ビジネス・プロセス・アウトソーシング）と呼ばれるサービスを主要事業にしています。要は、営業やマーケティングの業務の外注を受けているわけです。

そう聞くと、ものすごい営業手法を駆使し、あらゆるマーケティング理論に精通しているように思えるかもしれませんが、もちろん、そんなことはありません。

僕自身が、そうした高度なことをよく知らない……というのもありますが、どんなに立派な理論や手法であっても、それに取り組む人間が、やる気をもって真剣な姿勢で臨まなければ意味がない、と考えているからです。

結局のところ、やるのは人です。人がいなくては、ビジネスは回らないどころか、何も始まりません。

だから僕は、会社の仕組みや数字を伸ばすための戦略よりも、従業員たち自身を大事にするようにしています。そのために、ひとりひとりと接する機会を多く持つようにしていますし、成績の上がらない者に対しても、数字や権威で従わせるのではなく、彼らのマインドを変えるにはどうすればいいか、と考えます。

また、同じ目標に向かっていく仲間としては、当然、会社としてのビジョンを共有しておくことが必要になります。でも、ただ僕から押し付けるのではなく、彼ら自身が「自分事」として考えてくれるように、様々な工夫をします。

## 営業会社なのに離職率が低い理由

こうやって手間暇かけて作り上げた従業員たちとの関係、つまり「絆」こそが、会社がうまくいっている基盤であり、会社の強みだと僕は考えています。

というのも、営業会社というのは、どうしても性格的に合わなくて辞めていく人が多いのが普通ですが、僕の会社ではそれが少ないのです。特に創業当時は、営業会社としては稀に見る離職率の低さだったと自負しています。

「人を大事する」というのは、あまりにも当たり前なので、もしかすると綺麗事のように聞こえるかもしれません。でも僕自身、このことを15年以上も徹底してやってきたからこそ、今、より一層その思いを強くしています。

何よりもまず、そこで働く人たちを心から大切にし、彼らが自分自身の思いで前向きに働ける会社を作るべきです。もちろん、僕の会社もまだまだ完璧ではなく、思いが伝わらない時もありますが、僕はこの考え方を信じています。

そして、こうした土台ができていれば、後は仕組みを持ってくるなり、高度な知識や技術を持っている人を連れてくることで、会社としてもうまく回るようになります。決して、仕組みづくりが先なのではありません。

そうやって成り立った会社は、働く人だけでなく会社自体も「明るく生きている」という雰囲気になりますし、それによって、さらに「いい人」や「いい仕事」を引き寄せることができるのだと思います。実際、僕の会社はそうやって成長してきたわけです。

# 「自分で生み出す」ことが力になる

## 誰もが「メインキャスト」

そんな僕の会社は「グローバルキャスト」という社名ですが、ここにも、人を大事にしたいという僕の思いが込められています。

グローバルは、言うまでもなく「世界的」とか「地球規模」といった意味です。そしてキャストは、言葉の意味としては「役割」「配役」ですが、僕がイメージしているのは映画のエンドロールです。

映画の最後に流れるエンドロールには、すべての人の名前が載っています。脇役やチョイ役だけでなく、音楽から衣装から、ドライバーまで、その映画に関わった人すべての名前が等しく並んでいます。

僕の会社は、まさにそれです。従業員ひとりひとりが、世界的（グローバル）に活躍するようなキャストに育ってほしい。もっと言うと、全員が主役です。だから、たったひとりが欠けても、この物語（会社）は成立しないのです。

## あえて「グローバル」にした思い

とはいえ、実のところ、自分でも「でっかい風呂敷を広げたもんだなぁ」とは思っていました。起業当時は、海外進出の具体的なイメージなどなかったので、「ジャパンキャスト」でもよかったのかもしれません。

でも、どうせやるなら大きく・遠くを目指したいですし、従業員たちにも、そういう視点を持ってほしい、という思いがありました。「時代を牽引するリーダー創りを目指します」という企業理念も、こうした思いから掲げています。

そう考えたのは、やはり、27歳の時の挫折が大きな要因です。

会社が倒産してすべてを失い、ゼロから再び立ち上がろうとしたときに、あまり小さなビジョンだと、すぐに倒れてしまうんじゃないかと思ったのです。だからあえて大きなビジョンを掲げて、それに向かって突き進む姿を見せたい、というふうに考えています。

## すべてを自分で生み出せる会社

もう一つ、僕が会社の「あるべき姿」として考えているのは、グローバルキャストは「全員でやる会社」だということです。

僕は経営者として、サラリーマンはひとりも作る気がありません。

もちろん、会社に勤めているのだから実際には「サラリーマン」と呼ぶべきなのかもしれませんが、ただ言われたことをやらされるのではなく、従業員ひとりひとりが、すべてを自分で生み出していけるような会社にしたい、と考えているのです。

どんな会社で、どんな仕事をしていようと、社会人であるかぎり、会社（仕事）に対して相当な時間を費やしています。その時間がすべて「やらされている」だけだとしたら、楽しいはずがありません。

反対に「ゼロから1を生み出す努力」ができる環境であれば、すべての感情が数倍になります。やりがい、達成感、幸福感……もちろん、悔しさや挫折感も数倍になりますが、それが人間らしい生き方だと思うのです。

## 人を育てることで社会に貢献する

誰もが自発的に、すべて自分たちでゼロから1を生み出せる会社、それを作り上げることが、僕の経営者としてのビジョンになっています。

だから、僕の会社で学んで経験を積んだら、どんどん独立していってもらいたいとも思っています。ゼロから1を生み出すリーダーシップがあれば、世の中によりよい商品やサービスを提供することができます。

それによって、日本経済が活性化するための、ほんの一部分にでもなれれば、人として誇らしく生きていけるのではないでしょうか。もっと言うと、そうやって人を育てて社会に貢献することをしなければ、この会社の存在意義はないと考えています。

「すべてを自分で生み出せる会社」というのは、つまりは人を育て、その人物たちが社会に貢献することを目指している会社なのです。

# お金ではなく理念のもとに

## 泥臭い日々に出会った違和感

僕がこうした経営ビジョンを描くようになった背景は、どん底から抜け出して、また会社を立ち上げるまでの、苦しかった数年間にあります。

27歳で最初の会社が倒産した後、僕は、失ってしまった自信とプライドを取り戻し、再び自分を奮い立たせるものは何かを考えました。そして、以前と同じ業界ではなく、自分ひとりでもやっていける仕事として、ダイレクトセールスを知りました。

ダイレクトなセールスとは、要するに訪問営業（訪問販売）です。家々を一軒ずつ回って、ピンポンピンポンを繰り返して商品を売り歩くという、いわば「泥臭い」営業手法です。

僕が手がけていたのは、電話サービスとインターネット・サービスの営業でした。当時まだインターネット回線を引いていない家庭も多かったので、通信事業者からの委託を受けて、そこのサービスを営業して回っていたのです。

この仕事をしていた時に僕が感じたのが、確かにがんばれば稼げるものの、「みんな目の前のお金しか見ていない」ということでした。

委託で仕事を受けるということは、報酬は歩合制です。同じようなものを売るのであれば、報酬が高いほうがいいに決まっています。

すると、昨日まで発注元の社長にゴマをすっていたのに、そこより高い歩合を出してくれる会社が現れた途端、一瞬で乗り換えるような人物もいるのです。

そういう姿を見た時、僕は、この人たちは一体何が楽しくて、この仕事をやっているのだろう、本当に150パーセントお金のことしか見てないのだろうか、そこには何か思いのようなものはないのだろうか……そんな違和感を覚えたのです。

## 営業という仕事の強み

もちろん、お金は大事です。でも、毎日何十軒、何百軒という家を回って、時には(というか多くの場合)冷たい対応をされながら、必死で契約を取ってくる、ということを続けていくには、お金だけでは無理があります。

そして僕は、ここにチャンスの芽を見いだしました。

営業という仕事は、数字がすべてということもあって、ビジネスの世界では下のほうに見られることが多いのが現実です。正直なところ、虫ケラのような扱いをされているなと感じたことは何度もあります。

しかしながら、そんな僕たちに仕事を発注してくるのは、どこも超大手ばかりです。大手の企業ほど、こうした地道な営業には自社の従業員を使わず、外部に委託するのが(現在でも)通例になっているのです。

しかも、「ピンポン。はじめまして」のところから、契約を結んで印鑑を押してもらうわけですから、何も考えずにできるような仕事ではありませんし、まさにゼロを1に変える仕事と言えます。だから、むしろ能力の高い人間が活躍しているのが、営業という仕事の現場なのです。

## 会社にすることで夢を見つけたい

そんな有能な仲間たちを集めて、お金だけではなく、その上に共通の理念やビジョンを掲げて、一つにまとまることができれば、なんでもできる。どんな方向にでも進んでいくことができる。そうすれば、夢だって見つけられるかもしれない。

数年間、毎日泥臭い営業を続けながらも、僕はそんな思いを抱いていました。

そうして新たな会社のイメージが湧き、34歳でグローバルキャストを創業することになるのです。当初は3人で始めた会社ですが、すぐに15人になり、1年で60人、2年で150人と、どんどん人は増えていきました。

今では教育事業や環境事業なども手がけるようになっていますが、それでも、この会社は「営業会社」だと僕は思っています。営業という仕事の強みは、今でも大事にしている会社の軸の一つなのです。

# 〝人が組織を育ててくれる

## ただ「組織」を作りたかった

このようにして営業会社を立ち上げたわけですが、だからと言って「営業をやりたい」という思いがあったわけではありません。

それどころか、何か事業をやりたい、と思っていたわけでもありません。実は今でも、こういうビジネスをやりたいとか、新たにあの分野に参入したい、といった気持ちは、僕自身にはありません。

もっと言ってしまえば、営業という事業についても、たとえば「日本一の営業会社を目指す」とか「こんな営業会社になろう」といったビジョンは、特に持っていませんでした。

今でこそ「クライアントとマーケットをより良い形で繋ぎ合わせる」という営業理念がありますが、これは僕が決めたことではなく、みんなで考えながら、だんだん出来上がっていったものです。

じゃあ、なんでまた会社を立ち上げたのかと言えば、一つには、もう一度自分が復活したいという思い、そしてもう一つは、先ほど述べたような有能な営業マンたちをまとめた「組織」を作りたい、という思いでした。

そう考えると、この会社は成り立ちの時点ですでに「人がすべて」だったのだなあ、と改めて実感します。

## スタッフの思いを知るための箱

ひとりひとりが主役として活躍できる組織を実現するため、我が社には「ドリームＢＯＸ」というものがあります。その名のとおり、自分の夢ややりたいことを書いて投稿できる箱で、いつも社内に置いてあります。

ベンチャー企業などでは、同じような仕組みを取り入れている会社は多くあると思います。ただ僕の会社の場合、先ほど述べたように、社長である僕自身に「この事業をやりたい」という思いがないため、このドリームＢＯＸが実際にビジネスの出発点になることも結構あるのです。

だから、僕はすべての投稿に目を通して、ちゃんと話を聞くようにしています。もちろん、なかにはＡ４用紙一枚に「こういうことがやりたいです」とだけ書いてあるようなものもあります。でも、そういうものであっても捨てずに話を聞くことで、そのスタッフとのコミュニケーションになりますし、彼らが普段考えていることを知るきっかけにもなっています。

## 箱から世界へ飛び出した新規事業

そんなドリームＢＯＸから生まれたのが、今大きく展開し始めている教育事業です。

最初に提案してくれたのは、僕より10歳くらい年上の従業員で、もともと名古屋で何件もの学習塾を経営していた経歴を持つ人です。その会社が倒産してしまったので、再起のために僕の会社に就職して、しばらく営業職をしていました。

もちろん営業の仕事もがんばっていたのですが、ずっと教育事業をやってきて、そこに知識も情熱も持っていた人ですから、会社としてはまったくの新規事業にはなるけれども、思い切って提案してくれたのです。

それが、フィリピンでのオンライン英会話スクールでした。ちょうど、フィリピンへの語学留学が増えていた頃で、それをオンラインで提供してはどうか、という提案でした。元経営者らしく、しっかりとした事業計画書になっていたこともあって、僕もすぐに「これは面白そうだな」と思いました。

それからリサーチと準備を重ねて、サービスの提供を開始したのが2010年3月。そこから教育事業は大きく広がっていき、日本一の英会話スクール「NOVA」に譲渡するまでになりました。

こうして、たったひとりのドリームBOXからスタートしたわが社の海外展開は、その後も「アビバキッズ」のパソコン事業を譲受したり、フィリピンに英会話スクールのコールセンターを立ち上げ、その後、別企業へ譲渡。また、ベトナムに幼稚園を作ったりと、まだまだ大きな可能性を感じています。

もちろん僕も、何もないと言いつつも、人を育てることをしていきたいという思いはあるため、いずれ教育分野の事業を始めることになっていたとは思います。しかし、これほど加速度的に展開できているのは、従業員からの提案があったおかげです。

また、実はこの教育事業によって、ようやく名実ともに「グローバル」な会社になりました。なんの具体的方策もなく、ただ看板だけを掲げてきたわけですが、従業員ひとりひとりの可能性に託したことで、世界に出ていくという僕の理念を実現してもらえた、と言えるのかもしれません。

# ”理解するには「相手の目線」に行く

## 理解し、理解されることのむずかしさ

事業ではなく、人を柱にした組織づくりをするためには、人を理解することが必要です。しかし、人と人とが本当にわかり合うというのは、口で言うほど簡単なことではありません。

僕は19歳で最初の会社を立ち上げましたが、きちんと経営やマネジメントを学んだこともなく、言ってみれば「無手勝流」でずっとやってきました。

そうしたなかで、お客様やクライアント、そして従業員とのコミュニケーションにおいて、「自分の言いたいことが伝わらない」という状況を何度も経験してきました。つまり、相手を理解する以前に、自分のことを理解してもらえないのです。

自分に知識がなく、相手に伝わる言葉や表現を持っていなかったというのも理由の一つですが、お互いにわかり合うことがどれほど大変なことかを、あらゆる場面で肌身に感じてきました。

また、一度大きな挫折を経験しているので、その時に失った信用や信頼を取り戻すためには、とにかく自分のことをちゃんと理解してもらわなくてはいけない、という強い思いも持っています。

失った信頼は決して取り戻すことはできませんが、なんとか立ち直って、また必死に正しい努力をしていることを理解してもらいたい、そう思っているのです。

## 「本音」という狭い領域に分け入る

相手を理解し、自分を理解してもらうために僕が大切にしているのは、「相手と同じ目線まで行く」ということです。

お客様に営業する場合でも、クライアントと交渉する場合でも、あるいは、部下をマネジメントする場合でも、こちらとしては、相手を導きたい方向性があらかじめ決まっているわけです。

しかし、ただ「この商品が一番です」「うちの会社が一番です」「ああしろ、こうしろ」などと力説したところで、相手の耳には届きません。「お前の言うことは信用できない」と門前払いを食らうか、黙って出て行ってしまうでしょう。

自分の話を聞いてもらい、理解してもらい、さらに行動してもらうためには、こちらを信頼してもらうことが、何よりも最初にすべきことです。

そのためには、相手の「本音」を知ることが必要になります。また、相手の本音を知るだけでなく、お互いに本音のところで理解し合わないと、その後がスムーズに進んでいきません。

しかしながら、この「本音」にたどり着くというのが、なかなか容易なことではありません。

人間誰しも、本音で話せる領域というのは、ものすごく狭いのではないかと思います。相手を理解し、自分を理解してもらうには、その狭い領域を共有しなければいけないのです。

## まずは、こちらから歩み寄る

お客様にしろ部下にしろ、最終的な目的は、こちら（自分）の言っていることを理解してもらい、それに従って行動してもらうことです。そのためには、まずはこちら側から相手の本音の領域まで行く必要があります。

僕は、どんなに立派な営業手法やマーケティング理論も、結局は、それを実行する人の「やる気」にすべてかかっている、と思っています。だから部下に対しても、僕のほうから一方的に理屈を教え込んだり、理念を語ったりするのではなく、とにかく彼らのやる気を伸ばすにはどうすればいいか、というふうに考えているのです。

そこで僕の会社では、営業成績の悪い従業員に対して、「どうやったらサボれるか」という研修をやります。

これのおかげで、多くの従業員たちが仕事に前向きな姿勢で取り組んでくれるようになり、他の会社とは違うという特別感も生まれ、結果的に、営業会社としては離職率がものすごく低くなりました。それが、会社の急成長につながっていると確信しています。

”

# 目線を変え、マインドを変える

## もっとも効率的な「サボり方」を考える

一般的な会社であれば、成績が伸びない従業員に対しては、「もっとこうしたら君もうまくいく」とか「うまくいくように工夫してみよう」というようなアプローチをすると思います。

他にもノルマを課したり、あるいは昔の証券会社などでは、電話の受話器をガムテープで手に固定して、嫌でも電話をかけさせ続けたり、というようなことも行われていたと聞きます。

でも、それらは結局、上司や経営者の側の立場での解決策でしかありません。それに、今の若い世代の人たちというのは、ちょっと厳しく言うと、すぐに会社を辞めてしまったり、パワハラと言われてしまったりします。

もしくは、「わかりました」と言って営業に出て行ったけれども、実はマンガ喫茶やパチンコで時間をつぶしていたりしているわけです。

結局のところ、本人を「やる気」にさせるしかないのです。自分はなぜここにいて、なぜこの仕事をするのか――そうしたことを、本人が肚に落ちるところまで理解して、本気にならないと、いくら上から命令しても成績は上がりません。

そして、上司が「なぜやらないんだ?」と聞いても、本音で答えてくれるはずがありません。だから僕は、「上手なサボり方」を考えてみよう、という名目で部下たちを集めて、そこで彼らの本音を聞き出したいと思ったのです。

## 自分の目線を変えれば、相手の目線も変わる

実は、僕自身は、サボるようなタイプではありません。いわゆる体育会系の熱血タイプで、27歳で一度すべてを失った時などは、365日ほとんど寝ずに働いたほどです。

でも、営業成績の良くない従業員たち、つまり、どちらかというとサボりたい部下たちに、そんなことを言ったって理解してもらえるわけがありません。

そこでサボり方の研修では、まず僕が「俺も昔はよくサボったんだよ」「こんなに暑いと、外に出るだけで疲れるよな〜」といった話をします。つまり、いったん従業員たちと同じ目線まで行くのです。

それによって、「今日は本音で話そう」「ここでは本当のことを言っていい」ということを伝えます。従業員たちが本音になれる、本当のことを話せる状況を作ってあげるわけです。多少時間をかけてでも、このプロセスが大切です。

そのうち、たとえば「いつもどこでサボっているの？」という質問に対しては、「いやぁ……神社です」とか「僕はパチンコ屋の駐車場で……」というふうに、ポツポツと答えが返ってきます。

「社長にこんなこと言っても大丈夫なのかな？」と思いつつも、徐々に本音で話してくれるようになるのです。こちらも「うん、わかるよ」「そうだよな」と答えて、どんどん話しやすい空気を作っていきます。

そうしたところで、「じゃあ、どんなサボり方がいいんだろうか」という話に持っていきます。サボり方にも色々あって、何も考えずにサボることもできるけれど、ちゃんと考えてサボるのなら、それは「休憩」ってことになるよな？　といった話をするのです。

ここまで来ると、今度は彼らの目線が変わります。

ただ「サボりたい」「営業したくない」と思っていた従業員たちが、サボるのではなく、正当な「休憩」をとればいいんだ、そうすれば仕事もちゃんとこなして、それによって成績も上がるかもしれないし、営業に出るのがつらくなくなる……というふうに前向きな思考ができるようになるのです。

## マインドを変え、ルールを共有する

こうやって従業員たちの目線を変え、マインドを変えることによって、こちらが彼らに求めていることを理解してもらい、こちらの望む方向に彼らの行動を変えていけるのです。研修が終わる頃には、「これまでサボっていた自分に罪悪感でいっぱいです」と話す者も出てきます。

そして、僕と彼らとの間にはルールができます。「こういうのは『休憩』だからOKだけど、これは『サボり』だからNG」という共通認識を持てるようになるのです。

それが、従業員たちの今後の行動指針になりますし、お互いに理解し合って、納得し合ったルールですから、ちゃんと守ろうとします。もちろん上司の側も、それを守らなくてはいけません。「やっぱりダメ」と一方的にルールを変えるのはもってのほかです。

要するに、サボらせないために、サボり方のルールを決めるのです。少々遠回りのアプローチなのかもしれませんが、僕の会社では、これが見事にハマりました。

# 「相手の世界」にまで入り込む

## 相手を知るには「先に話させる」

もう一つ、僕が従業員たちを理解するためにやってきたことがあります。それは、先に従業員に話させる、ということです。

先ほどの「サボり方」の研修では、こちらから先に本音を伝えることで、相手の本音を引き出しましたが、この場合はゴールがあらかじめ決まっています（サボることについて考えさせ、サボらないようにさせたい）。

でも、個別の従業員へのコミュニケーションでは、なかなかそうはいきません。どういうアプローチをすればわかってもらえるかのポイントは、ひとりひとり違うからです。

だから、こういう場合には、相手に先に話してもらう必要があります。

たとえば僕の会社に、サーフィンが大好きだという従業員がいました。彼はとにかく海が好き、自然が大好きで、お金にも成績にも貪欲じゃなく、どちらかというとＮＰＯなどの社会貢献活動が向いていそうなタイプでした。

そのため当初は、がんがん営業をかけて契約を取っていくような僕の会社には向いていないかもしれないな、と感じていました。実際、あまり馴染めていなかったように思います。

一方で、彼の素直で純粋なところを僕は気に入っていましたし、こういう人財が会社には必要だとも思っていました。

そうは言っても、やはり会社のビジョンは理解して共有してほしいですし、経営者としては当然、数字を追う姿勢を持ってもらいたいのも事実です。

ただ、それを僕のほうから一方的に伝えても、わかってもらえないことは明らかでした。僕と彼とでは、見ている世界がまったく違っていたからです。

## 相手の世界に飛び込んでみる

そこで僕は、彼の趣味であるサーフィンに目を付けました。

そして、「サーフィンを始めてみたいから、教えてくれないか」と彼にもちかけたのです。すると彼は、「本当ですか?」と半信半疑ながらも、うれしそうにあれこれと教えてくれました。

サーフィンを始めるには、まずは道具をそろえる必要があるということだったので、僕は彼の心を開きたい一心で、奮発して一式を買い揃えました。

もちろん、一緒に海にも行きました。彼は「難しいですよ~」などと言いながらも、本当に喜んでくれていましたし、僕としても楽しく過ごすことができました。

一日を終える頃には、お互いに完全に心を開き合っている状態になっていました。

彼は、なぜサーフィンが好きなのか、どういうことを大切に思っているのか、といったことを本音で話してくれました。それで僕も、彼のことをよく理解できたのです。

今度は、僕が話します。なぜこの会社をやっているのか、どういう思いで、どこを目指しているのか、といったことを熱く語ってみせます。普段なら、なかなか理解してもらえないようなことでも、こういう状況であればスッと相手の心に入っていけます。

そうして翌日から、彼は、数字のことをしっかりと考えた発言や行動をしてくれるようになりました。彼自身の夢と、会社のビジョンとをうまくリンクさせて考えられるようになったことで、「なぜこれをやらなくてはいけないのか」が明確になったのだと思います。

自分は将来こういうことをやりたい、そのために今はこの会社に貢献しよう、というようなマインドに切り替わったのです。

彼はその後も、その気持ちを忘れることなく、今でも幹部として会社に大いに貢献してくれています。それこそが会社の財産です。

# 信頼を築く手間を惜しまない

## 一度築いた信頼は「嘘」にも負けない

ところで、僕のサーフィン歴は、先ほどの彼と行った1回きりなんです。そもそも、サーフィンを始めたいなんてこれっぽっちも思っていなくて、とにかく彼のことを知りたい、彼が見ている世界を知ろう、という思いでやったことです。

もちろん、彼本人にも種明かしをしました。

人間というのは面白いもので、一度完全に理解し合って、本音のコミュニケーションができていれば、後から何か小さな嘘があったことがわかっても、それで「騙された」などとは思わないのです。

それどころか、自分を理解するためにそこまでしてくれたのか、と感謝されることもあります。信頼関係が崩壊するのではなく、より強固なものになるのです。

何よりも、本音のコミュニケーションが成立していることで、すべての会話がスムーズに運びます。だから、普段から深い議論ができますし、同じ時間の中でも、本音をわかり合えていないチームよりも多くの会話ができていると思います。

こうした「ドラマづくり」を、僕は、創業当初から一緒に働いてくれている30人ほどのメンバー全員にやりました。だから僕は、彼ら全員の本音を理解していますし、彼らもまた全員が、僕の理念と会社の目指すところを理解し、信じてついてきてくれているのだと思います。

## すべての従業員と家族に手紙を書く

従業員たちとの信頼を築くために、「ドラマづくり」の他にも、「手紙を書く」ということをやってきました。

現在は会社が大きくなり、従業員も増えて、なかなか難しくなっているのですが、会社の成長期には毎年、全従業員に手紙を書いていました。年末に全従業員が集まる忘年会を開催するのですが、その時、ひとりひとりのテーブルの上に、僕からの手紙を置いておくのです。

もちろん、すべて直筆です。当時の従業員は200人ほどでしたが、それでも全部書くには11月頃から始めなくてはいけず、かなり大変な作業だったことは確かです。

当然、内容もひとりひとり違っています。その年にがんばったこと、できなかったこと等々、それぞれ違って当たり前なのですから、それぞれの従業員に向けた内容をちゃんと書くように心がけていました。

そして、必ず2枚以上は書く、ということも自分へのノルマとして課していました。どんなにがんばって書いても、受け取ったほうは「俺、今年はあんなにがんばったのに、たったこれだけか……」と思うかもしれません。僕の気持ちをしっかりと伝えるだけでなく、喜んでもらうためにも、ここで手間を惜しんではいけません。

以前は、すべての従業員と、その家族の誕生日にハガキを出していました。そうすることで、家族も会社のことを好きになってくれ、従業員を気持ちよく仕事に送り出してくれるようになると思ってしていたことです。

こうしたことは、口で言うのは簡単ですが、実際にやるのは大変です。その従業員の仕事ぶりを把握しておく必要があるだけでなく、どういう思いでこの会社にいるのか、何を目指しているのか、さらにプライベートの状況など、本人のあらゆることを理解していないといけません。

もちろん僕にしても、全員のすべてを完全に理解できていたとは思いませんが、そういう努力をしていることは伝わっていたのではないかと思います。だからこそ、僕の思いもまた、従業員たちに共有してもらえていったのだと信じています。

## 従業員を理解することは経営者の務め

社長である僕が、従業員との信頼を築くために手間を惜しまないことで、僕の会社には強い「絆」が生まれていると実感してきました。その絆こそが、会社の土台になっています。何をやってもうまくいく、という感覚にすらなるほど会社が成長できているのも、すべてこの土台のおかげです。

従業員の本音や、彼らが見ている世界を知らないままに、「ああしろ」「こうしろ」と指示しても、うまくいきません。まずは彼らを理解することが重要です。そのために、こちらから彼らの目線まで行くこと、彼らの世界を知ることは、上司として経営者としての役目だと、僕は思っています。

しかし、それをしない経営者が非常に多いと感じます。僕に言わせれば、これこそがマネジメントです。惜しみなく手間をかければかけるほど、そこから生まれる情がより深いものになっていく、とも感じています。それが会社にもたらしてくれるメリットは計り知れません。

僕は、今の会社を「ずっと生き続ける会社」にしたいと思っています。そのためには、時代や状況に合わせて変化し続けられる組織である必要があります。

しかし、たとえ会社が変わっても、すぐに人（従業員）が変われるわけではありません。会社（経営者）と従業員がどれだけ理解し合えているかは、これからの変化の局面で特に問われることになるでしょう。

自由に姿を変えながらも、多くの人を育て、多くの人に育てられて、長く社会に貢献できる会社にすることが、創業者としての僕の務めなのかもしれません。

# 「好き」は理解への第一歩

## 200万より価値のある「会話」づくり

19歳で起業した当時、住んでいた静岡に有名な経営者の方がいらっしゃいました。お金もコネもない僕は、会社をうまく軌道に乗せるために、どうにかしてその人とのつながりを持ちたいと考えました。

その方は、IT関連と建設関連の会社を経営されていましたが、趣味でビリヤードをやっていて、ご自身でプールバーを持っているほどの熱の入れようでした。

それを知った僕は、なんとか彼に好かれたい、どうしたら気にかけてもらえるだろうかと考えた末に、そのプールバーで売っている中で一番高いキューを買おう！　と思いつきました。それで自分を印象づけようと考えたわけです。

そのキューは200万円でした。当然、その頃の僕にはそんな大金はありませんから、サラ金から借金をして、いざ、プールバーへと向かったのです。我ながら、よくやったなと思います。

おかげで僕の期待どおり、「なんだ、この若造?」といった具合に、その方が話しかけてくれました。どんどん会話も弾んでいき、当然の成り行きとして、お互いのビジネスの話へと広がっていきました。

結果的には、200万円の投資など安かったと思えるほど、僕の会社の命運を決めるような関係を築くことができました。具体的に言えば、億単位の仕事をその方の会社からいただけるようになったのです。

それほどの関係になれたのは、200万円のキューのおかげ……ではなくて、「会話」があったからです。会話がなければ、相手を理解することも、自分を理解してもらうこともできず、深い関係を築くことは無理です。そのためのきっかけづくりが、200万円のキューだったわけです。

ちなみに、サーフィンと違ってビリヤードは本当に好きになり、今ではかなりの腕前だと自負しています。

## 学びたい。だから好きになる

僕がこのようにして人とのつながりを築くようになったのは、やはり、何も持たずに起業してしまったために、とにかく多くの人に会い、多くのつながりを作りたい、と思ったところがスタートだったように思います。

それこそ泥水をすするような経験もしてきたなかで、お金も学歴もない僕ができることと言えば、人から学ぶ以外になかったのです。

もちろん、僕にも好き嫌いはあります。でも、それを表には出しません。また、勝手に相手を判断してしまわないようにもしています。どんな人に対しても、きっと自分よりも多くを知っている、自分が知らない何かを知っているはずだ、と思って接するのです。

そうして、相手を好きになろうと努力します。僕の場合、そうでないと人と付き合えないからという理由もありますが、そもそも相手に何の興味も抱けなければ、深い関係になどなれません。

だから、この人から学びたい、この人を理解したいと思ったら、その人の中で好きになれるところを探すのです。そういうアプローチをすれば、相手も心を開いてくれ、本当に多くの学びを与えてくれるようになります。

でもほとんどの人は、知らない人と出会ったとき、「自分と合わないところ」を探します。意図していなくても、何か気に入らなかったり、嫌だなと思ったりした部分ばかりに目が行ってしまうものです。おそらく、それが普通なのです。

僕には、普通のことをしていてはダメだな、という感覚がありました。人と違うことをしなければ、僕のような人間は成功を掴めないだろうな、という意識があったのです。

だから、例えば噂なども一切信じることはありませんでした。他人に対してタブーを持つことなく、どんな人でも好きになろうと心がけてきました。

こういうこともまた、「相手の目線まで行く」「相手の世界を知る」という姿勢を持てるようになった背景にあると思っています。

# ”接触と印象で好かれる努力を

## 接触を増やして密につながる

従業員との信頼を築くために、ドラマづくりをしたり、手紙を書いたりといった手間をかけていますが、それは取引先など外部の人に対しても同じです。さすがにドラマづくりはできませんが、手紙は今でも年間１００〜２００通ほど書いています。

また、メールの出し方にも一工夫しています。会った翌日にお礼をするなら、メールだけでなく、携帯電話のショートメッセージも送るようにします。

というのも、メールとショートメッセージでは、書く文面が変わってきます。堅苦しい文章のメールに対して、ショートメッセージは、相手が取引先であっても、多少はくだけた表現になるものです。

それが重要です。ただビジネスライクに済ませるのではなく、人と人としてつながりを持った印象を生むことができるからです。

さらに、「お、ショートメッセージも来た」という印象を残すこともできます。僕としては、僕が相手を理解するために好きになろうとしているのと同じように、できれば相手にも僕を好きになってほしいと思っています。だから、普通の人とは違うことをやって印象づけることで、相手との距離を縮めていきたいのです。

一度ショートメッセージを送ると、その後も送りやすくなります。打ち合わせの前に「今日はよろしくお願いします！」とか、終わったら「ありがとうございました！」といった短いメッセージを送るだけでも、相手とのコンタクトが増えます。

そうやって接触回数を増やしていくことで、さらに距離を縮めて、ただの取引先同士ではない、人間同士のつながりになっていくと思います。それが、会社と事業の発展にとっても非常に大切であり、大きな成果をもたらしてくれます。

こうしたアプローチは従業員にも教えていて、多くの従業員が「好かれる営業マン」に育っていってくれていると思います。

## 人と違うことをして印象を残す

他にも従業員には、「人と違うことをしろ」とよく言います。僕が２００万円のキューを買ったように、普通の人がやらないようなことをやることで、相手に自分を印象づけなさいと教えているのです（サラ金で借金しろとまでは言いませんが）。

特にビジネスにおいては、印象に残っているかどうかが結果を左右することも多くあります。普通にやって成功できることもあるでしょうが、よりうまく、さらに大きく伸ばしていくには、関わる人間同士の関係が絶対に大事になってくると思うのです。どんなに大手企業との付き合いでも、窓口として接触するのは、人同士です。そこでのお互いの関係が結果に影響することは、当然ではないでしょうか。結局のところ、ビジネスを動かすのは人なのです。

相手の中に自分を強く印象づけていれば、何かあったときに思い出してもらいやすい、というメリットもあります。ただ取引の担当者同士というのではなく、もっと深い関係を作っておくことで、よりチャンスが広がっていくのです。

人と同じことをして、人と同じ成果を挙げたいのであれば。それはそれで否定しません。でも、人よりも成功したい、周りよりも伸びたいと思うのであれば、人と同じ事をしていては無理です。

実際のところ、こうやって築いた関係のおかげで、今、とても大きな仕事を受注できたり、他では絶対に受け入れられない条件の契約をできたりしています。

## 人が好き。だから好かれたい

ビジネスにおいても、従業員との関係でも、やはり人に好かれることは大切だと思います。最終的には人としてのつながりを求めたほうが、あくまでビジネス（仕事）だと割り切るよりも、うまくいくからです。

これは、僕自身の経験から言えることです。決して難しい話ではなくて、人に好かれたほうが結局うまくいく、という小さな成功体験が、僕にはたくさんあるのです。だから、僕は今後もそれを続けていきますし、周り（特に従業員）にもそうしたほうがいいと伝えたいと思っているのです。

そうは言っても、僕がこのように、人に「好かれる」ことに手間を惜しまないのは、結局のところ、僕自身が人を好きだからだろうな、とも思います。

子供の頃から目立ちたがりで、いつも誰かと一緒にいました。40代半ばになった今でも、ひとりで旅行に行けない……というより行きたいとも思わないほど、人といることが好きです。

食事も、なるべく誰かと一緒にしたいですし、仕方なくひとりで食べる時は吉野家などで済ませるかコンビニで買ってきます。ようやく最近、ひとりでコーヒーを飲む時間を「こういうのも悪くないな」と思えるようになってきましたが、あえてひとりになろうとは思いません。

思えば、「組織」を作りたくて始めたのが今の会社です。だから、人がいないと意味がない。彼らとうまくやっていけなければ意味がないのです。

人とうまくやっていくには、まず自分が相手を好きになること、そして相手にも自分を好きになってもらうことが近道です。それはコミュニケーションの基本ですが、ビジネスの現場にも通用する原則だと僕は思っています。

# 「崇拝」されるより愛されたい

## カリスマになる必要はない

カリスマ経営者と呼ばれる人は、従業員からの尊敬を集め、いわば「崇拝」されているようなところがあります。もちろん、実際に強烈なカリスマ性をもっていて、そこについてきてくれる部下がいるのであれば、それでもいいのかもしれません。でも、すべての経営者がカリスマ性をもっているわけではありません。僕の場合も、それなりに尊敬はしてもらっているとは思いますが、決して崇拝はされていないでしょう。

だけど、僕のことを「大好き」だと言ってくれる従業員は大勢います。口には出さなくても、みんながそう思ってくれていると、僕自身も感じます。それは、ここまで述べたようなアプローチで従業員たちと同じ目線になり、彼らを理解してきたからだと思っています。

「カリスマ経営者」の定義も色々あるとは思いますが、そう呼ばれる人は、絶対に従業員の目線に下りてきません。というよりも、カリスマの目線が大切なのであって、そういう会社においては「上から目線」の指示こそが会社の進む道だからです。

でも、カリスマでもなければ、経営者でもない場合、つまり、一般的な人と人とのコミュニケーションにおいては、こちらから相手の目線に近づくことが大切なのではないでしょうか。

そうすることで相手を知り、自分を知ってもらい、会話を重ねていくことが本音の理解へつながっていくのだと思います。

## 正しい努力を伝える場所を

結局のところ、自分にできることを実直にやることこそが、人としての「生きる力」になるのではないか、僕はそんなふうに思っています。

このことを僕は、人との出会いや苦しい経験を通して学んだわけですが、だれもがそういう機会に恵まれるわけではありません。それ以上に、学歴や経済的理由などさまざまな要因で、人生の可能性が狭まってしまっている人が多くいます。

本来どんな人でも、ものすごく大きな可能性を持っています。だけど、それに気づくチャンスがないままに、まるで「脱落者」のように人生を送らなければいけない人もいるのが、いまの日本の残念な状況です。

僕にしても、最終学歴は中卒だし、一度はどん底を味わった人間です。でも、そこから復活することができました。同じように、どんな人にも2度目のチャンスがあっていいはずです。2回と言わず何度でも、人はやり直せるのです。

そのために必要なのは、正しい努力の仕方を教えてあげることです。いま僕は、そうした教育の場を作ることを、自分の人生の目標に据えています。僕が初めて抱いた「事業ビジョン」と呼べるかもしれません。

## 決して取り戻せない信頼のために

このように、いま僕が考えていることの根底にはいつも、27歳で最初の会社を倒産させてしまった苦い経験があります。「会社は人がすべて」という考えも、このときの痛烈な経験が土台になっています。

倒産によって失ったものは数え切れませんが、お金や地位よりも、周りの人からの信頼を失ったことが、僕には何よりも堪えました。もともと人が大好きな人間ですから、人一倍さみしい思いをしたのです。

前の会社には16人の従業員がいたのですが、僕が調子に乗って道を誤ったばかりに倒産の憂き目に遭い、彼らを路頭に迷わせてしまったことは、いまでも本当に申し訳ない気持ちです。これは、僕が一生背負い続ける十字架だと思っています。

「あんな思いはもう二度としたくない」という強い思いが、いまの僕の生きる指針になっています。

信用や信頼というものは、僕がそうだったように、一瞬にして失ってしまうことがあります。一度失った信頼は、決して取り戻せるものではありません。しかし、そのことを決して忘れずに、一生をかけて努力を続けていくことで、理解をしてもらえる日は来るのではないかと思うのです。

その理解の先にあるものとして、いつか僕が死んだときには、彼らも手を合わせにきてくれるんじゃないかな……そんなふうに願っています。

第3章

出口 汪

# 他者と生きる

自分を育てる「論理力」

# 「模倣力」を育てる日本の教育

## たしかな「答え」があった時代

日本人は、長らく「常に『答え』がある」ことを前提とした教育を受けてきました。ビジネスの現場でも、上司なり取引先なりが、何らかの「答え」を持っていることが多かったのです。

しかし、グローバル化が進んだ現代では、とくに海外企業や外国人との間で、日本流の「答えを求める姿勢」が通じなかったり、言わずもがな（と我々は思っている）ことまで事細かに説明しなければいけなかったり、日本人同士のやりとりにはなかった障害や苦労を感じている人も多くいるでしょう。

実はそこには、「時代が変わった」という要因があります。

日本の高度経済成長期には、明確な「答え」がありました。もっと言うと、江戸時代に大きく発展した蘭学は、オランダ語の書物に「答え」がありましたし、明治になって近代化するときにも、すべての「答え」を欧米からもってきて翻訳したわけです。

つまり、これまでの日本人には常にめざすべき「答え」が、たしかに存在していました。そして、それらはすべて欧米にあったのです。そのため官僚や政治家たちは、何をやるにしても欧米の「先例」を持ち出してきて、それを「答え」として問題を解決しようとしてきました。

それでうまくいっていた時代が長くあったのです。

## 模倣によって築かれた輸出大国

ビジネスも同じことです。自動車にしても電化製品にしても、欧米でつくられた物を持って来て、それを模倣するところから始まりました。当時の日本人の賃金は安かったので、欧米の製品よりも高性能なものを低コストで大量生産する、というビジネスモデルが出来上がりました。

さらに世界じゅうにマーケットを拡大することで、よりコストを抑えることに成功し、そうやって、いわば「アイデンティティのない日本製品」が、世界各地の「アイデンティティのある製品」を駆逐していく、という現象が一時ありました。

自動車を例にすれば、ドイツのメルセデス・ベンツやＢＭＷといった企業には、長い伝統のなかで培われたアイデンティティがあります。自社のめざすべき自動車づくりのスタイルというものが、確固たる意思のもとにあるわけです。

しかし、戦中から戦後にかけて日本で誕生した企業には、そういったものはありません。だから模倣しやすかったのです。

こうして、欧米よりも高性能・高品質で、かつ安い製品を、大量に世界じゅうに供給していくことで、日本経済を支える輸出産業は発展していきました。日本は模倣によって欧米に追いつき、追い越していったという歴史があるのです。

## 時代は変われど制度は変わらない

日本の教育制度は、いまだに当時のこうした社会的・経済的な背景をベースにしています。いかに正確に計算できるか、いかに多くを記憶できるか、という日本教育の基本方針は、欧米にある答えを「素早く正確に模倣する」ための教育なのです。

難関大学に合格するには、文系・理系を問わず、英語の「翻訳能力」が求められました。英語の文章を素早く正確に日本語に訳すことに重点が置かれているため、いくら勉強しても会話できるようにはなりません。

小学生なら、詰め込み（記憶）と計算です。早く正確に計算することが、何よりも大切だったのです。当時の日本が求めていたのは、まさにそういう人材だったからです。

しかしながら、世界はガラリと変わりました。日本はもはや「追いかける」立場ではなく「追われる」存在となり、アジア各国が、かつての日本と同じ手法で発展しようと乗り出してきました。当然、いまの日本よりもアジアの国々のほうが賃金は安く、しかも日本よりも豊富な資源を持っている国ばかり。

また、日本企業はこれまで積極的に工場の海外移転を進めてきたため、技術そのものも海外に出ていってしまっています。これでは勝ち目はありません。

いま海外に進出している企業にしても、かつてのような模倣ではなく、欧米企業と対等に競争して、より新しいものを開発していかないと生き残れない時代になっています。

こういう現状にもかかわらず、日本の教育制度はそれに追いついていません。いまの日本が求める人材を育てるような教育システムとは程遠いのです。

# 答えのない世界を生き抜く力

## 模倣する必要のなかった欧米

社会が求める能力は、かつての「記憶」「計算」から、「答えのないところで、いかに自分で解決していくか」という能力へ、１８０度変わってしまいました。これまで人間が担ってきた仕事の大部分は、コンピューターやＡＩ（人工知能）に取って代わられる時代です。

そして、コンピューターの得意なことが、まさに「記憶」と「計算」なのです。いくら子どものときから徹底的に鍛えたところで、人間は到底コンピューターには敵いません。それどころか現代においては、そもそも記憶や計算の能力を鍛える必要などないのです。

欧米（とくにヨーロッパ）の人々は、長い人類の歴史の中でも、ずっと自分たちが先頭に立って進んできたため、模倣することを必要としませんでした。というよりも、模倣する相手がいなかったのです。

そのため教育においても、計算や記憶といった模倣に必要な技術・能力を訓練するのではなく、いかに自分の頭で考えるかという教育に重点が置かれてきました。

いまの我々日本人なら理解できることですが、そもそも日常生活において、微分や積分といった数学が必要になる場面などありません。買い物をしたときのおつりがわからないようでは困りますが、言ってみれば、それくらいの計算ができれば十分なのです。

欧米の人たちには、何千年も前から、そういった認識が植え付けられています。難解な数学を理解するよりも、数学の言語を使って物事を考えることのほうが重要だと考えているのです。

## すでに時代は変わっている

要するに、日本人とはめざす方向がまったく違っているわけです。

それなのに、単純にテスト（統一試験など）をすると日本人のほうが点数は高くなるため、文部省（現・文部科学省）も国民も、そのことを素直に喜び、満足してきたわけです。

「計算ができること」をもって日本人の有能さをアピールしていた時代がありましたが、よく考えれば馬鹿馬鹿しいことです。欧米では、そういう教育がなされていないどころか、そもそも彼らはそれをめざしていないわけですから。

もちろん、日本が模倣によって欧米に追いつこうとしていた時代は、これで良かったと言えます。おかげで日本は、人類史上稀に見るスピードで高度成長を果たし、世界有数の経済大国へと変貌を遂げました。

しかしながら、時代は変わったのです。

いくら日本人が計算が得意だからと言って、コンピューターに勝てますか？　どんなに詰め込み教育をして大量の知識を記憶したところで、コンピューターに勝てますか？　言うまでもなく無理です。

したがって、もはや記憶と計算に重点を置いた教育は無意味なのです。それよりもコンピューターにできないこと、つまり、自分の頭で考えて、答えのない世界を生き抜く力を身につけることこそ、「これから」ではなく、すでに「いま」の日本人に必要な教育なのです。

# ”脳に「考える」ためのスペースを

## もう「記憶」はしない

実際、私はもう「記憶」するということをやめました。新しい情報をインプットするのではなく、いま自分の中にある知識や経験をベースにして、まずは自分の頭で考えてみる。つまり、アウトプットのほうが重要なのです。

どうしてもわからないことがあれば、その時点で調べればいいのです。いまはインターネットで何でも簡単に調べられます。

でも、そうして得た知識のすべてを「記憶」する必要はありません。なぜなら、忘れたらまた調べればいいからです。ネットでいつでも簡単に得られるような情報を、わざわざ自分の頭につめこんで、他の大切な知識のためのスペースを割く必要なんてないのです。

　私は読書が好きですが、勉強のための読書は一切しません。それよりも、好きな小説作品などを読んで、そこからインスピレーションを得たり、何かを考えたりすることのほうが大切だと思っています。

　そうやって自分の頭を使って得た知識というのは、自然と頭の中に残ります。無理して記憶した情報よりも、ずっと濃く、深い知識となっていきます。それによって、あらゆることを自ら考え、解決できるようになるのです。

　たとえば、歴史上の人物の名前をたくさん覚えたところで、〝すべて〟を記憶することは不可能です。そんな中途半端な知識のために、自分の貴重な脳のスペースを費やす必要があるでしょうか？

　それよりも、知りたくなったらスマートフォンを取り出せばいい。それによって空いた脳のスペースで、いま自分が抱えている不安や悩みを解決する道を探ったほうが、より人として成長できるはずです。

## 「ちゃんと勉強しない」ほうがいい？

そうはいっても、だれもがすぐに私のようにできるとは限りません。なぜなら、そういう教育を受けてきていないからです。それは言い換えれば、ちゃんと日本の教育を受けてきたから、ということでもあります。

30年前、私が「現代文は論理だ！」と言い始めたとき、だれも信用してくれませんでした。多くの高校の先生方にも会いましたが、だれひとりとして理解してくれませんでした。

それも仕方のないことで、彼らは「そういう教育」を受けてきたからです。「これが答えです」と教えられ、また、それを生徒に教えていくことを学んできたので、いきなり違うことを言われても、「それは間違っています」と思ってしまうわけです。「これが正しい」「これが常識」として教えられたことを覆すのは困難です。

その反面、私は全然勉強しない劣等生でした。いま思えば、それが功を奏したのです。それまで国語というのは、センスとか感覚とかが大切な科目で、そのため教えられるものではない、と言われていました。

でも私は、ちゃんとした勉強をしなかったおかげで、「国語って論理力を問うているんだろうな」と気づいたのです。「国語はセンスだ」という常識をもっていなかったから、ごく自然と、そういう結論に達することができました。

私のようなやり方では、かつての日本では「落ちこぼれ」と言われたことは事実です。しかし、幸いなことに時代は変わりました。いまの時代、さらにこれからの時代に求められる能力を身につけるには、少なくとも現況の教育制度の中では「ちゃんと勉強しない」ほうが有利になることでしょう。

たくさんの知識を詰め込むことは、自分で考える障害になります。あまりにも多くの情報が頭に蓄積されると、新たに何かを考えるということができなくなってしまうのです。

だから、あえてインプットしないことで、自ら考えるための場を作り、自ら解決策を導き出すための訓練をしていくことが重要です。

# 日本人に欠けている「他者意識」

## 家族は誤解に満ちている

海外の人と比べて、日本人には「論理力」が圧倒的に足りないと言われますが、その要因は「他者意識」にあります。つまり、自分以外の人間を、自分とは違う人間だと認識することです。

子どもは、もっとも他者意識を持ちにくい立場にいます。

なぜなら、子どもの生活の場というのは基本的に、家庭と学校です。そこで、いつでも同じ人間（家族や友人、学校の先生など）と接しています。いつも同じ空間と時間を共有し、同じ言葉を共有しているなかでしか生活していないため、「他者」という意識を持ちにくいのです。

そうすると、どんどん言葉は省略化されていき、感覚だけで伝え合うことができるようになります。家庭でも学校でも、その狭い集団の中では「いちいち言わなくてもわかるよね」ということが増えていきます。言葉がなくても、感覚だけでコミュニケーションできると思うようになってくるわけです。

しかしながら、深いところでわかり合えているかというと、そうでもないことが多いのではないかと思います。とくに家族というのは、実はいちばん誤解が多い集団ではないでしょうか。

というのも、子どもが小さいときというのは、親がすべてを決めて、親がすべての面倒を見ます。

ところが、やがて子どもは自立します。そして、父親に対して距離をとった視点で見るようになり、そこから社会を批判したり、あるいは母親を通して女性全体を嫌悪したり、ということが起こり得ます。

## 「どうせ言ってもわからない」

このこと自体は、子どもが成長し自立した結果なので、成長期にはごく自然のことです。しかしながら、自分の考えていること、思っていることを、きちんと言葉にして伝える習慣がないために、親は子どもの認識の変化を知ることがありません。

親が生活している世界（会社や地域）と、子どもが生活している世界（学校）というのは、まったく正反対の世界です。親と子は、実はもっともわかり合えない世界に生きているにもかかわらず、その違いを伝え合う習慣がないのです。

そうして、やがて子どもは親に何も言わなくなります。言ってもわからないから。同じように、親のほうでも子どもに対して、「どうせ言ってもわからない」という理由で話さないことは多々あるでしょう。

このようにして、学校でも家庭でも「他者意識」を持つことなく成長し、社会に出て行ってしまいます。しかしながら、社会というのは、まさに他者の中で生きていくことです。性別も年齢も、出身も、生活環境も、何もかも違う人たちをうまくやっていく必要があります。

そうなってはじめて、「どうして自分のことをわかってもらえないのか」「他の人の考えていることが理解できない」という事態に陥り、どうしていいかわからなくなってしまう人が多いのではないでしょうか。

## 他者意識が「論理」を生む

それが顕著になるのが、海外に出て行ったときでしょう。それこそ民族も宗教も価値観も違う、強烈な他者たちとコミュニケーションをとっていかなければいけない状況です。日本人の価値観など通用するはずがありませんし、彼らにとっての「常識」を日本人が理解することも容易ではありません。

だからこそ、共通の「論理」という約束事・法則を手掛かりにしないと、正確なコミュニケーションができないのです。

その論理力をつけるために必要なのが「他者意識」です。他者意識さえあれば、日本の社会の中であっても、お互いに簡単にわかり合えない存在だという前提に立って、きちんと言葉で筋道を立てて説明するようになります。

家庭の中でも、意識的に訓練することはできます。要するに、わかった気にならないで、大切なことはきちんと話し合えばいいのです。

自分なりの意見があったら、それを言葉で表す。その理由もちゃんと説明します。そうして親子でお互いに納得すれば、ルールを決めます。そうすれば、「このルールを破ったら怒られて当然だ」という共通の理解ができるようになります。

## ”人はだれもが「他者」である

### 親子・夫婦にこそ他者意識を

欧米の、ある程度以上の知識階級の家庭では、子どものときから論理的に説明する訓練がされています。日本の家庭なら「あれ、買って」「ダメ」で終わってしまう親子の会話も、「〇〇だから、あれが欲しい」「△△だからダメ」というふうに、きちんと理由をつけて伝えるからです。

そして、「じゃあ、こうしたらどうだろうか」「こういうルールを守るなら買ってあげる」というふうに、お互いが納得する解決策を導き出すのです。

相手が子どもであっても、大人同士の場合と同じようにきちんと話し合って、お互いにメリット・デメリットを認識して、そのうえで、どうすれば解決できるかを探っていく。

そうすれば、子どもが怒られるときには、その理由がわかっています。ただ親がカッとなって叱ったのではなく、自分がルールを守らなかったから怒られたのだ、と理解していきます。

このようにして、「こうだから、こう」という論理にもとづいて考えることが自然と身についていくのです。

日本の家庭では、こういう子育てはほとんど行われていません。それは、親の側が「当然」と思っていることを、子どもにきちんと説明しないからです。当然のことなのだから、子どもだって〝当然〟理解できるはずだ、と思っているからです。

同じように、夫婦間においても、他者意識がないために起こっている誤解やすれ違いは多くあるように思います。

## ルールを必要としない「ムラ社会」

日本人が他者意識をほとんどもっていないのは、そのほうが「居心地がいいから」

と言えます。

なぜかというと、日本はご存じのとおり島国で、しかも比較的、単一民族で構成されています。そして、移動しながら生活する狩猟文化ではなく、定住型の農耕文化が発展し、さらに江戸時代にはほとんど移動の自由もありませんでした。

要するに、日本の文化というのは「ムラ社会」なのです。

ムラ社会では、リーダーである首長がいて、ムラの全員で協力しあって生活しています。しかも移動の自由がなければ、同じ集団で先祖代々が暮らしているわけです。そのため、細かいことは説明しなくてもお互いにわかり合っていますし、万が一わかり合えなければ、異端分子として「村八分」にされてしまいます。

そうなると生きてはいけません。だから、自分の意見を言わずに、首長の言うとおりに従って生きていくことを選ぶのです。

なおかつ身分社会であるため、敬語や婉曲表現が発達していったというのが、日本語の歴史にはあります。

## 外に出なくても他者に囲まれている

それに対してヨーロッパ諸国や、あるいは中国にしても、多民族が集まってひとつの共同社会を作り上げているわけですから、感覚だけではとても通じ合えません。だから、ビジネスであれば真っ先にルールが必要になります。それをもとに契約を結び、どちらかがルールを破ったら裁判を起こすのです。

日常の会話であっても、自分の言っていることは相手には伝わらないから、ちゃんと「なぜなのか」という理由を言葉で述べるということを、子どもの頃から教えられます。そうしないと、相手は「うん」と言ってくれないのです。

こうした違いに最初に気づくのが、海外で暮らすようになったときです。しかしながら、海外で暮らす日本人はごく少数のため、大多数の日本人はまだ気づいていない、というのが現状です。

ところがこれからの日本では、日本人が海外に出ていくよりも、外国人が日本にやってきて暮らし、働くことが多くなっていきます。海外に出ていかなくても、他者意識をもって論理力を身につけないと、やっていけない社会になっていくのです。

日本に働きに来る外国人は、さまざまな国から、さまざまな価値観をもってやってきます。そんな彼らに対して「日本人はこうだから」というムラ社会の常識で対応しても、うまくいくはずがありません。

お互いが他者意識を持って、論理という共通のルールを学ばないと、本当にわかり合うことなどできません。

私たちが海外の文化や価値観を簡単には理解できないのと同じように（あるいは、それ以上に）、外国人にとって日本の文化や価値観、日本人の考え方というのは理解できないものなのです。それが当たり前のことです。

私たち人間はみな、お互いに「他者」なのですから。

# 人間は論理がなければ考えられない

## 言葉がなければ世界はカオス

このように「論理」とは、実はコミュニケーションの手段であるわけですが、それと同時に、もうひとつ重要な役目を果たしています。それが、「考える」ということです。

もし言葉がなければ、我々の世界はカオス（混沌）で、物事を考えることができません。たとえば、この人は男で、あの人は女、あっちが上で、こっちが下、あるいは好き・嫌いといったことも、すべて単一関係という論理です。

生き物の中で唯一人間だけが、森羅万象をいったん言葉に置き換えて、論理という規則（ルール）で情報を整理して、そこから物事を考えているのです。したがって、我々は論理がなければ考えることができない、とも言えます。

そのことの重要性に気づいている人は少ないのではないかと思います。知っていること（記憶している情報）を答えるだけでは、それは「考える」ことにはなりません。混沌とした情報を整理して、そこから何かを生み出すにしても、それが論理であることを理解していないとうまくいきません。

私たち日本人は、こうした論理そのものを教えられ、学ぶ機会を持たなかったために、そもそも「考える（思考）」ということをできていないのではないかと思います。結局のところ、論理にもとづいた思考ではないものは、単なる「思いつき」でしかないのです。

だから、人生のどこかの地点で、一度しっかりと論理を学ぶことをしなければいけないと考えています。きちんと学び、訓練すれば、だれでも論理力を身につけることはできます。

## 論理とは「言葉の使い方」

論理力を身につけるために重要なのが「習慣づける」ということです。ただ、論理を学びました、というだけでは意味がありません。

実際のところ、論理とは言葉の使い方なのです。そして言語というのは、習熟できるかどうかが鍵です。

そのことは、英語を考えてみればよくわかるでしょう。どんなに勉強したところで、実際に英語を使わなければ使いこなせるようにはなりません。習熟できる環境に身をおかなければいけないのです。

同じように、論理力を身につけるためには、論理について学んだうえで、一定期間、論理的な言葉の使い方を訓練する必要があります。私の本を一冊読んで「わかりました」というのでは、身につけたことにはなりません。

言葉は、習熟してはじめて身につくのです。しかしながら、言葉の使い方が変われば、頭の使い方も変わります。考え方が変わり、話し方も、書く文章も変わります。そうなると人生が変わります。

だから、いくつになってからでも構わないので、しっかりと論理力を身につける訓練をしてほしいと思います。

# ”論理力を身につけるために必要なこと

## 日常生活でも論理力は身につく

海外で暮らすと、否応なく「他者」とコミュニケーションをとることになります。自分の周りにいるのは他者ばかりです。日本人の常識など通用しませんし、相手の常識もわかりません。

そうした環境におかれると、「どうすればわかってもらえるのだろう」と試行錯誤することになり、結果的に、自然と論理的な思考が身についていくことでしょう。

だれもが海外で暮らすことはできませんが、意識して訓練することはできます。他者の少ない世界で生きている子どもにも、きちんと論理力を身につけさせることは可能です。むずかしいことではありません。

先ほども述べたように、論理は言葉の使い方です。だから、日常の会話すべてが、論理力を鍛える実践の場となりうるのです。

もちろん、気軽なおしゃべりや楽しい会話まで論理を意識する必要はないでしょう。それよりも、大切なことを伝える場面で、しっかりと論理的に説明する習慣をつけることが重要です。親子の会話であっても、恋人同士の会話であっても。

また、ビジネスシーンであれば、資料を作成する際にも、あるいはメールの文章ひとつでも、意識して論理的に書くことが習熟につながります。

そうは言っても、言葉の使い方を変えるのは容易なことではありません。自分の意識や努力だけでは、なかなか習熟するところまでいかないかもしれません。とくに大人になってからでは、まず論理を理解することから始めなければいけませんし、そこでつまずく場合も多いでしょう。

だから、子どものうちから身につけさせることが大切なのです。それは、親がきちんと意識して、論理的な会話をするようにすればいいのです。

## 「言う」と「伝える」は別物

残念ながら、こうした論理力を学べる場所や教材はほとんどありません。しかし実際には、大学まで進んだ人であれば、論理力を鍛える教育は受けています。

わかりやすいのが論文です。だれかわからない読み手（＝他者）に理解してもらえるように書くわけですから、そこには論理が必要です。また、論文を書くために資料を読む際にも、論理的に考えなければ理解できないはずです。

このように、論理を学ぶ場がまったくゼロというわけではないのですが、うまく機能していないと言えるでしょう。

よく学生が「教授の言っていることが理解できない」と言いますが、それは教授が論理的に話していないせいです。つまり、学生に対して他者意識を持っていないのです。自分の話していることを、学生は当然、理解できるはずだと思い込んでいるわけです。そして、理解できないのは学生が悪い、となるわけです。

「学生がバカすぎる」という批判をする教授もいますが、実は、教える側に論理性がないことが要因なのです。

人は、そんなに簡単に他人の言うことを理解しません。新しく学ぶ専門知識なら、なおさらです。

ビジネスにおいても同じことが言えるでしょう。部下をもつ立場にいる人なら「こう言ったのに、なんでできないんだ？」と思ったことは一度や二度ではないでしょうが、言っただけでは伝わらないのです。

というよりも、伝わるように言っていないことが原因です。ただ「言う」ことと「伝える」ことは別物なのです。「伝える」ということは、相手に理解できるように話すこと。そのために必要になるのが論理なのです。

## 相手は関係ない。自分が論理的であること

相手が論理的な思考ができなければ、こちらがいくら論理的に話しても意味がないのではないか、と思うかもしれませんが、そんなことはありません。

論理的になる目的は、お互いを理解することです。たとえ相手は論理的に話せなくても、自分が相手を理解するために、あるいは自分のことを理解してもらうために、

言葉を尽くして説明していることは伝わるはずです。

大事なのは、自分自身が論理的であること。相手は関係ありません。だから、他者意識を持つことが重要なのです。

たとえ家族であっても、相手は自分とは別の人間なのだから、自分の言っていることは簡単には伝わらないという前提に立って、どうすれば理解してもらえるのか、どう話せば伝わるのかを常に意識していくことが、論理的思考の訓練になります。

もちろん、私の本で、論理とは何か、論理的な考え方・話し方・書き方とはどういうものなのかを学んでいただければ、より習熟度が上がることでしょう。

# ”日本人にも「論理力」は備わっている

## 欧米とは異なる文化が生まれた日本

先ほど私は、日本人は「考える」ことをしていない、と述べました。「考える」とは、論理というルールで情報を整理し、そこから何かを導き出すこと。だから、論理を知らない日本人は、そもそも考えていることにならない、と。

では、我々はずっと何も考えてこなかったのかというと、決してそうではありません。平安時代や江戸時代の日本というのは、世界的に見ても非常に高度な文化が発達しました。ただ、それが欧米の文化とは違った、というだけのことです。

たとえば、１０００年前の平安時代に書かれた『源氏物語』は、当時の世界文学の中では断トツの傑作です。あの時代に、あれほど高度な文学が生まれたということは、それだけの文化が背景にあったということです。

ただし、それは世界的に見れば特殊な文化だったわけです。

江戸時代には、経済を中心とした成熟した文化が生まれました。学校の教科書では「鎖国によって立ち遅れていた」というような教え方をされますが、そんなことはありません。何と言っても、260年間も戦さがなかったのです。これは歴史上稀に見る平和な社会です。当然、高度な文化が発達するに決まっています。

しかしながら、その文化は、科学技術を用いて産業革命を果たした欧米の「近代化」とは異なる文化だったのです。

## 明治維新が日本の教育を変えた

世界中が近代化へ向けて進んでいくなかで、日本も同じ方向へ進むことを決めます。そして、日本が近代化を果たすために、かつての文化を片隅に追いやって、なんでもかんでも欧米に「答え」を求めることをしたわけです。それが明治維新です。

しかしながら、そもそも高度な文化が土台になければ、あれほどの短期間で国の方針を180度転換することなどできません。江戸時代の人々は、蘭学という当時最先端の学問を、しっかりと吸収していました。決して閉鎖的で遅れた文化だったわけではないのです。

明治維新によって欧米に倣うことを国の方針としたことが、その後の日本人の教育姿勢を変えてしまったと言えるのかもしれません。

欧米こそが最先端であり、そこに「正解」があるという考え方は、あらゆる分野で見受けられます。たとえば美術においては、いまでも欧米で発達した油絵が教えられますが、実は、日本の浮世絵や水墨画がヨーロッパの画家たちに多大な影響を与えていたことがわかっています。でも、それを学校で子どもたちに教えません。

たしかに、欧米と同じ近代化を果たすためには、欧米の「答え」を学ぶ必要がありました。しかしながら、それは日本の文化が劣っていたということにはなりません。ただ、違っていただけです。

## 眠っている「論理力」を目覚めさせよう

私たち日本人には、高度な文化を生み出し、さらに成熟させる素質が備わっています。文化の発達には、高度な言語力と思考力が欠かせません。つまり私たちは本来、十分すぎるほどの論理力を持っているのです。

ただ、そのことを知らずに、それゆえ使うことをしてない。当然、だれも教えない。そうやって、優れた論理力を衰退させてしまっているのが、現代の日本人の置かれた状況です。

決して、欧米の人々と比べて劣っているわけではありません。また、もともと持っていない能力を身につけろ、ということでもありません。論理力を身につける、あるいは論理的思考を習得するということは、私たちの中に眠っている力を目覚めさせることなのです。

# ❞ グローバル社会で活躍するために

## 成功者は漏れなく論理的である

私はこれまで30年にわたって、論理力の大切さを伝えてきました。努力の甲斐あって、いまでは多くの人が私の本を読んだり、インターネット講座を受けたりして、論理力の大切さを学び、実際に身につけてくれるようになっています。

そうした人たちから最近、フェイスブックを通じて連絡をもらうことが多くなりました。実際に会って話をする機会も多いのですが、そうして気づいたのは、成功した人物というのは例外なく論理的である、ということです。

私から学んだかどうかにかかわらず、社会的に成功を収めている人は、間違いなく論理的な思考をしています。

論理力があれば必ず成功する、ということではありません。成功するためには運も必要ですし、お金や人脈も大切な要素です。しかしながら、論理力もまた、成功するための必須要件なのではないかと感じています。

## 論理力と学力は関係ない

そして、論理力というのは、たとえ学力は低くても身につけることができます。学校での成績は、論理力には関係ありません。

学力の高い人、わかりやすく言うなら「難関大学に入った人」について唯一言えることは、一定の努力ができる、ということでしょう。志望大学に合格するために必死に勉強する、という努力をできることは証明されています。

努力もまた成功するために必要な要素ですから、努力できなくて大学に入れなかった人よりは、成功に近いかもしれません。

しかしながら、ただ記憶と計算の詰め込み学習だけで難関大学に合格したのであれば、その人には論理力が身についていません。教科書や参考書にある「答え」を求めていただけでは、自分の頭で「考える」ということをしていないからです。

そういう人は、社会に出てからも「答え」を求めてしまいます。必ずだれかが答えを知っている、どこかに必ず正解がある、という姿勢を変えることができず、いわゆる「指示待ち人間」になってしまうのです。

優秀な大学を卒業しているのに、会社では「使えない」と評価される若者が増えている背景には、こうした要因があるのです。

## 情報の量よりも「自分で考える」

一生懸命に勉強すればするほど、社会に出たとき、その努力が役に立たないどころか、自分で何も考えられない人間になってしまう、という事態は非常に残念なことであり、怖いことだと思います。

いまの教育制度のままでは、そういう人材を増やしてしまいます。

しかしながら、教育制度というのは、そう簡単には変えられません。だからこそ、個人レベルでの理解と、必要な訓練をしていくことが大切です。現行の教育制度のなかであっても、論理力を身につけることで学力向上につながります。問題文を正確に理解することが、正しい解を求める最初の一歩だからです。

私は子どもたちに、そんなにたくさん記憶しなくていい、と言いたいのです。なぜなら、あまりにも多くを記憶すると、必要なときに必要な情報を取り出すことがむずかしくなるからです。

たとえば、引き出しの中に資料を大量に詰め込んでおくと、いざ必要な書類を見つけようとしても、なかなか見つかりません。不要な情報を溜め込むことは、重要な情報を埋もれさせることになるのです。

それよりも、少ない資料をきちんと整理して保管しておくほうが、のちのち有効活用できます。

その少ないけれども重要な情報を整理して、それをもとに考えていくことが論理的思考です。どうしても足りない情報があれば、そのときに調べればいいのです。たくさんのことを知っているよりも、自分で考えることのほうが、これからのグローバル社会を生き抜き、さらに活躍するためには圧倒的に重要なのです。

# 生き残るための
# コミュニケーション

2018年4月1日　第1刷発行

著　者　藤村正憲　川口英幸　出口 汪

発行人　出口 汪

発行所　株式会社 水王舎
東京都新宿区西新宿 6-15-1
ラ・トゥール新宿 511　〒160-0023
電話 03-5909-8920

印刷　大日本印刷

製本　ナショナル製本

ブックデザイン　福田和雄（FUKUDA DESIGN）

編集協力　土居悦子　土田 修

編集統括　瀬戸起彦（水王舎）

 ISBN 978-4-86470-078-8


http//www.suiohsha.jp/